Erfolg im Internet

oder:

Von 0 auf 10.000 Besucher in wenigen Wochen

Eine Anleitung für Neueinsteiger mit praxisbezogenen Beispielen sowie ein
Nachschlagewerk für den Fachmann mit zahlreichen Tipps und Adressen

von
Aaron Augsburger

Inhaltsverzeichnis

Vorwort

Um im Internet Erfolg zu haben, genügt es nicht, einfach nur ein paar Seiten online zu stellen und darauf zu warten, dass mögliche Interessenten auf diese stoßen. Anders als bei herkömmlicher Werbung, bei der die Medien – die Anzahl der Fernsehzuschauer oder die Auflage - dafür sorgen, dass die Werbung von vielen Menschen gesehen wird, ist es im Internet ganz allein die Aufgabe des „Webmasters", Publikumsverkehr zu der Werbung zu bringen.

Soweit die schlechte Nachricht. Die gute Nachricht ist, dass Werbung im Internet nur ein Bruchteil dessen kostet, was Sie für herkömmliche Werbung bezahlen müssten. Darüber hinaus ist Werbung im Internet nicht außergewöhnlich schwierig zu realisieren - wenn man weiß, welche Register man ziehen muss und mit welchen Tricks man arbeiten kann. Nach Lektüre dieses Buches sollten Sie nicht nur wissen, wie Sie die besten Kniffe umsetzen können, sondern auch wie Sie Ihren Seiten zumindest soviel Beachtung angedeihen lassen, wie sie einer Plakatwand in einer belebten Strasse zuteil wird. Der Unterschied zu einer Plakatwand ist allerdings der, dass Ihre Besucher fast nur aus potentiellen Kunden bestehen, die Ihre Werbung bewusst aufgerufen haben - gerade so, als würden Passanten eine Strasse nur deshalb benutzen, um sich eine bestimmte Plakatwand zu betrachten. Darüber hinaus läuft auf Ihrer Straße ständig wechselndes und internationales Publikum.

Dieses Buch ist aus der Praxis für die Praxis geschrieben worden. Es wendet sich damit sowohl an den Fachmann wie auch an den Laien. Während der Laie Schritt für Schritt an die Werbung im Internet herangeführt wird und das vorliegende Werk als Lehrbuch benutzen kann, dessen Beispiele er nur übertragen und teilweise sogar nur kopieren braucht, um im Internet innerhalb weniger Wochen erfolgreich zu sein, dient das Buch dem Fachmann als Nachschlagewerk, in dem er nach Belieben seine Kenntnisse auffrischen aber auch einige, weniger bekannte Tricks nachlesen kann. Unverzichtbar bleibt es auch, wenn es darum geht, die wichtigen Adressen im Internet nachzuschlagen, die Ihnen bei der Werbung im Internet helfen. Dies gilt nicht nur für die Adressen von Mailinglisten und Newslettern, sondern ganz besonders auch für die der über 400 Webboards, die in diesem Buch aufgelistet sind.

So lässt sich dieses Buch als Lehrbuch und als Nachschlagewerk einsetzen und dient auch dem erfahrenen Internet-User zur Kontrolle, ob er bei seinem Internetauftritt alle Möglichkeiten berücksichtigt und ausgeschöpft hat. Die Gliederung in kurze übersichtliche Kapitel und Unterkapitel ermöglicht es, nach Bedarf Themen nachzulesen oder andere zu überspringen.

Natürlich ist es schwierig, es jedem Leser recht machen zu wollen - zumal dann, wenn die Grundvoraussetzungen so unterschiedlich sind wie bei dem Thema Internet. Obwohl ich in diesem Buch überwiegend aus eigener Erfahrung spreche, werden sich Themenüberschneidungen mit bereits Geschriebenem nicht ganz vermeiden lassen. Schließlich lassen sich Fakten nicht ändern. Dabei weiß ich selbst, wie oft auch ich vor einem Bücherregal gestanden habe und mir beim Studium des Inhaltsverzeichnisses die

Frage gestellt habe, ob es sich wohl lohnen würde, sich dieses Buch jetzt auch noch zu kaufen, da mir das abgehandelte Thema weitgehend bekannt vorgekommen war.

Betrachten Sie als Leser mit Interneterfahrung dieses Buch deshalb überwiegend als Nachschlagewerk, auf das Sie immer wieder zurückgreifen können. Sie werden zahlreiche nützliche Ratschläge erhalten und manches erfahren, was Sie noch nicht wissen. Bedenken Sie: Wenn Sie für jeden guten Ratschlag, auf dem Sie in diesem Buch stoßen werden, einem Freund ein Bier spendieren müssten, hätten Sie schnell weitaus mehr als den moderaten Kaufpreis des Buches bezahlt. Darüber hinaus bekommen Sie noch Hunderte nützliche Internetadressen gratis an die Hand. So zögern sie mit dem Kauf auch dann nicht, falls Sie zu den erfahreneren Lesern gehören und vielleicht das eine oder andere Kapitel überschlagen müssen: was zählt ist der Erfolg und nicht die Relation der Anzahl von verwertbaren Buchstaben zum Kaufpreis.

In jeden Fall wird dieses Buch Ihnen helfen.

Noch ein Wort zu dem, was dieses Buch nicht ist: Das vorliegende Buch ist kein Lehrbuch über das Internet oder über HTMLScript, HTML, VRML, Java, C++, Perl, TCL, Python, Flash oder andere Programmiersprachen. Der Autor kommt aus der Wirtschaft und aus der Werbung und arbeitet schon seit Jahren mit dem Internet, so dass er Ihnen mit Beispielen aus der Praxis zeigen kann, wie Werbung im Internet erfolgreich funktioniert. Er ist aber weder ein Grafiker noch Programmierer und abgesehen davon, dass er Ihnen in dieser Hinsicht keine Kniffe beibringen kann, hält er allzu ausgeklügelte Gestaltung eher für lästig als für hilfreich, was Sie recht schnell feststellen werden.

Der Vollständigkeit halber und auf Anraten der Anwälte und des Verlages sei noch darauf hingewiesen, dass der Autor sich in die Riege der Softwarehersteller einreiht und keine Garantie und keine Haftung für Schäden übernimmt, die dem Leser entstehen könnten, wenn dieser aufgezeigte Beispiele, Ratschläge oder Tipps dieses Buches übernimmt und befolgt.

Nun bleibt nur noch, Ihnen bei der Lektüre dieses Buches viel Freude und reichliche Erkenntnisse zu wünschen damit Ihre Internetwerbung zumindest so erfolgreich wird, wie Sie es erwarten sollten.

Aaron Augsburger

Emails

Die naheliegende und einfachste Möglichkeit, Werbung im Internet zu betreiben ist Email - die Post im Internet. Sie ist unvergleichlich schnell und so gut wie kostenlos. Allerdings gibt es einige Regeln, die speziell das Internet betreffen und einige andere, die bei jeder Art von geschriebener Werbung zu beachten sind.

Der Inhalt eines Emails und die Werbung allgemein

Wenn Sie ein Werbe-Email schreiben, so sollte die Gestaltung Ihrer Botschaft einer gelungenen Webseite nicht unähnlich sein. Das heißt: Ihr Text muss sich an den Anliegen der Empfänger orientieren und deren Vorteile heraus stellen. Sie sollen also nicht die Qualität Ihres Produktes über den Klee loben, sondern vielmehr darstellen, wie Ihr Produkt oder Ihre Dienstleistung dazu beitragen kann, etwas Positives bei dem Empfänger Ihrer Nachricht zu bewirken.

Nehmen wir ein Beispiel: wenn Sie eine Maschine verkaufen, die doppelt so schnell arbeitet, wie die der Konkurrenz, so werden Sie zunächst sicherlich erst einmal herausstellen, welche Vorteile eine höhere Produktionsrate dem Käufer bringt, anstatt ihn mit technischen Details zu langweilen - die er womöglich nicht einmal versteht. Sie stellen also nicht Ihr Produkt in den Vordergrund, sondern das, was dieses bewirkt. Haben Sie Ihre Maschine besonders gut verarbeitet, sodass diese länger hält als vergleichbare Maschinen, werden Sie darauf auch eine längere Garantie gewähren können und herausstellen, dass dieser Kauf den Kunden Geld für teure Folgereparaturen spart. Weiterhin wird man mit einer besseren Maschine auch weitaus länger problemfrei arbeiten können, bevor sie ersetzt werden muss. In diesem Fall sind solide Verarbeitung und hervorragendes Material zwar Qualitätsmerkmale Ihres Produktes, aber die Vorteile für den Kunden bestehen in der längeren Haltbarkeit und darin, dass er langfristig Geld spart. Es geht aber noch weiter: durch weniger Reparaturen kommt es bei dem Kunden zu weniger Ausfallzeiten und damit zu einer höheren Produktivität.

Sie könnten jetzt Ihre Email zum Beispiel mit folgender Überschrift beginnen: "Sparen Sie sich zukünftige Reparaturkosten - wir haben unsere Garantiezeit verlängert!" Das ist etwas, das Ihren Kunden interessiert. Dagegen ist: "Bei unseren Maschinen verwenden wir jetzt das Material X oder Y, weil dieses haltbarer ist!" zwar auch wichtig, aber weitaus weniger aussagekräftig.

Ein weiteres Beispiel: Wenn Sie einen besonders schnellen Service anbieten können, so interessiert es niemanden, dass Sie mehr Leute eingestellt, einen schnelleren Lieferanten engagiert oder Ihre Firma rationalisiert haben, sondern: "Schon morgen befindet sich unser Produkt XY in Ihren Händen!"

Merken Sie worauf ich hinaus will? Wir verkaufen bei der Schokolade den wunderbaren Geschmack, der sich im Munde des Käufers entfaltet, denn niemand interessiert sich wirklich für die exzellenten Zutaten, die benötigt werden, um bei dem Käufer diese Wirkung zu erzielen. Wir werden noch einmal über dieses Thema sprechen, wenn es um die Gestaltung Ihrer Internetseiten geht. Dort finden Sie noch mehr Beispiele.

Wir gehen davon aus, dass Sie Ihre Branche sowie Ihr Produkt, Ihr Angebot und Ihre Kunden kennen. Vielleicht aber haben Sie Ihre eigene Werbung noch niemals aus der oben gezeigten Kunden-Perspektive betrachtet. Dann machen Sie sich zunächst erst einmal Gedanken darüber, was Ihre Kunden interessiert. Wenn Ihnen dazu nichts einfällt, fragen Sie die schon vorhandenen Kunden und hören Sie bei der Antwort genau zu. Lesen Sie die Fachzeitschriften, Newsletter und Webboards Ihrer Kunden, um herauszufinden, was diese bewegt. Internetseiten und Leserbriefe sind ebenfalls gute Quellen. Versuchen Sie zu denken wie ein Kunde, um seine Beweggründe zu verstehen.

Danach prüfen Sie, inwieweit Ihr Produkt oder Ihr Service dazu beitragen kann, den Wünschen Ihrer Kunden gerecht zu werden. Das, was Sie dabei herausfinden, stellen Sie besonders heraus und packen Sie es in die Betreffzeile Ihres Emails (oder in die Überschrift Ihrer Webseite) und kreieren Sie Ihren Text um genau diese Aussage herum. Haben Sie in der Headline (Betreffzeile) ein Versprechen abgegeben, so erklären Sie im folgenden Text, wie Sie diese Zusage einhalten werden. Behalten Sie dabei aber immer den Blickwinkel Ihres Kunden bei, den es im Grunde nur interessiert, wie er auf irgendeine Weise von dem, was Sie geschrieben haben profitieren kann. Wenn Sie von dem abweichen, wofür sich Ihr Kunde interessiert, anfangen zu schwafeln, von Ihrem Produkt schwärmen oder gar Ihre Lebensgeschichte oder die Geschichte Ihre Firma erzählen, haben Sie verloren. Dann ist der Kunde weg und die Chancen, dass er sich ein weiteres Mal mit Ihnen einlässt, ist bedeutend kleiner geworden als beim ersten Mal.

Hat Ihr Produkt oder Ihr Service mehrere Vorteile, spricht es darüber hinaus auch noch unterschiedliche Zielgruppen an, dann schicken Sie mehrere Emails, anstatt alles in nur ein einziges Email zu packen. So wie Sie für jeden Aspekt und für jede Kundschaft eine eigene Webseite online stellen werden, so quetschen Sie auch nicht alle Fakten in nur ein Email, damit dieses für jeden etwas bietet - wie ein Flohmarkt. Bleiben Sie speziell – Emails kosten kein Porto. Hüten Sie sich aber davor, einfallslos ein und denselben Text ein zweites Mal zu verschicken. In einem solchen Fall sind die Grenzen von interessanter Information und unerwünschter Belästigung fließend. Stellen Sie aber auch sicher, dass Sie wirklich etwas zu sagen haben und profilieren Sie sich nicht durch nichtssagendes Gewäsch als Schwätzer. Ebenso unterlassen Sie vage Formulierungen, Allgemeinplätze und fadenscheinige Versprechungen.

Achten Sie auf Ihre Zielgruppe und wie Sie mit dieser reden. Obwohl jeder seine Kundschaft kennen sollte, ist immer wieder zu beobachten, wie Verfasser von Werbebriefen Fachleuten erklären wollen, was diese von Berufs wegen eigentlich längst wissen müssten. Erfinden Sie also das Rad nicht neu! Wenn Sie dem Endverbraucher ein neues Produkt vorstellen und es ihm erklären, so mag dies notwendig sein. Dagegen wird ein Spezialist, im Zweifelsfall mehr über ein bestimmtes Produkt wissen als Sie ihm jemals erklären könnten und wird Ihre Ausführungen über „Adam und Eva" als Zeitverschwendung ansehen und sich nicht von Ihnen aufhalten lassen.

Verwenden Sie einen persönlichen Schreibstil. Je mehr Ihr Email wie ein persönlicher Brief klingt, desto leichter gewinnen Sie Menschen für Ihr Angebot. Ohnehin erinnert die rasche Kommunikation via Email mehr an ein Gespräch als an stilistisch ausgefeiltes

Briefe schreiben. Nicht selten erhalten Sie auf Ihre Nachricht schon nach wenigen Minuten eine Antwort, so dass sich eine Kommunikation entwickelt, die einem Zwiegespräch nicht unähnlich ist. Lange Floskeln oder umständliche Umschreibungen haben in einem Email also nichts verloren. Vermeiden Sie aber auch Werbejargon. Lassen Sie in jedem Satz durchblicken, dass hinter Ihren Worten ein lebendiger Mensch steckt und kein anonymes Unternehmen. Teilen sie dem Empfänger aber auch mit, wer da an ihn schreibt: nennen Sie Ihren Namen und Ihre Funktion in Ihrer Firma.

Sagen Sie, was Sie zu sagen haben - sofort! Der Leser muss vom ersten Satz an gefesselt sein. Denken Sie daran, dass der Leser Ihrer Webseite oder Ihres Emails schon nach wenigen Zeilen entscheidet, ob er weiterlesen will oder nicht. Dies gilt ganz besonders, wenn sich der Empfänger mit einer Fremdsprache wie Englisch herumschlagen muss. Seien Sie also knapp und präzise.

Versuchen Sie aber nicht, dem Kunden in Ihrem ersten Email gleich Ihr gesamtes Angebot verkaufen zu wollen. Dies gilt besonders dann, wenn es um große, teure Gegenstände oder schwerwiegende Entscheidungen geht, um hohe Investitionen oder um langfristige Verträge. Wecken Sie vielmehr das Interesse des Empfängers und bieten Sie ihm **kostenlos** ausführliche Unterlagen an. Machen Sie ihm diese als hilfreichen Leitfaden – und nicht als Ihre Verkaufsbroschüre - schmackhaft.

Werden Sie nie müde, die Worte: **frei, kostenlos, gratis, ohne weitere Verpflichtung** zu verwenden. Benutzen Sie diese auch, wenn es schon aus dem Angebot hervorgeht, dass Sie für Ihr Werbematerial kein Geld verlangen. Sprechen Sie grundsätzlich von einem **kostenlosen** Katalog, einer **gratis** Broschüre, von **kostenfreien** Informationsunterlagen und von **Gratis-**Mustern. Setzen Sie niemals voraus, dass Ihr Kunde das ohnehin schon weiß, sondern sprechen Sie auch die Selbstverständlichkeiten aus. Denken Sie daran, dass Empfänger von Werbebotschaften diesen meistens - und oft nicht ganz zu Unrecht - äußerst skeptisch gegenüber stehen. Da ist es hilfreich, wenn Sie Zweifel, ob Ihr weiterführendes Informationsmaterial - Muster, Werbegeschenk usw. - tatsächlich unentgeltlich ist, vorab aus der Welt geräumt haben.

Haben Sie etwas ganz besonders wichtiges mitzuteilen, was nicht übersehen werden sollte? Dann packen Sie diese Informationen als Postskriptum an das Ende Ihres Emails, denn alles was unter PS steht erfährt mehr Aufmerksamkeit und wird noch vor dem eigentlichen Text gelesen. Es ist sicherlich nicht falsch, wenn sich dort Ihr „kostenloses Angebot" wiederfindet.

Spam

Email-Werbung, die einfachste Art, im Internet auf sich aufmerksam zu machen ist zugleich die heikelste. Ein Neueinsteiger mag denken: das ist ja wunderbar, hier im Internet kosten meine Briefe ja überhaupt kein Porto, dann werden wir uns jetzt einmal einige 100 Adressen von potentiellen Kunden heraussuchen und denen kurz mitteilen, dass sie in Zukunft auch im Internet mit uns rechnen können. Die richtigen Suchbegriffe in die Suchmaschinen eingegeben und schon erscheinen die Internetadressen von potentiellen Kunden und mit ein paar Klicks auf deren Seiten lassen sich gut und gerne ein paar Dutzend Emailadressen pro Stunde zusammen suchen. Wenn man dann ein paar

Abende geopfert hat, erhält man auf diese Weise eine ganz brauchbare Datenbank, die sich mit der richtigen Software vorzüglich und einfach zum Versand von Werbebriefen einsetzen lässt. Zeitgenossen, die lieber mit der Kreissäge, anstatt mit dem Skalpell operieren, kaufen sich für eine solche Aktion von den reichlich vorhandenen Anbietern einfach einige tausend Emailadressen - gleichgültig ob Altersheim oder Kindergarten. Und die technisch versierten unter ihnen, wissen ohnehin, von welchen Seiten sich Software herunterladen lässt, die anhand von Stichworten die passenden Internetseiten sucht und daraus automatisch Emailadressen extrahiert. Da lassen sich dann ganz schnell umfangreiche Listen anlegen - vor allen Dingen dann, wenn man ein solches Programm durch Webboards, Linklisten und Newsgroups marschieren lässt. - Doch wenn man schließlich alle Adressen gesammelt und mit seinen Werbebriefen unzählige Menschen belästigt hat, ist man selbst plötzlich nicht mehr erreichbar, weil der Provider einen aus dem Internet geworfen und alle anderen Provider in der näheren Umgebung darüber informiert hat. Das ist dann aber nicht so tragisch, denn die großen Provider im Internet haben den Spammer inzwischen ohnehin weltweit auf ihre schwarzen Listen gesetzt, so dass Post von dieser Domain von den meisten Mailservern von nun an ohnehin abgewiesen wird. Dann hilft es nur noch, sich einen anderen Namen zuzulegen, eine neue Domain anzumelden und ganz von vorne anzufangen. Denn Werbemails wie oben beschrieben sind im Internet verpönt und werden von den meisten Providern umgehend mit dem Ausschluss des Versender geahndet. Dazu reicht es, wenn sich einige Ihrer Adressaten durch Ihre Werbung belästigt fühlen und Sie bei Ihrem Provider beschweren. Je mehr Emails Sie verschickt haben, desto mehr Beschwerden werden bei Ihrem Provider eintreffen, so dass es am Ende wenig Sinn macht, sich herausreden zu wollen. Oftmals werden Sie nicht einmal über die Anzeigen informiert, sondern hören erst davon, wenn es bereits zu spät ist. Dann hilft zu Ihrer Verteidigung nur noch, wenn Sie belegen können, dass Sie mit den Empfängern Ihrer Emails bereits zuvor Kontakt gehabt haben und sie diese Aussage mit vorangegangener Korrespondenz untermauern können. Anderenfalls haben Sie schlechte Karten. Abgesehen von den Folgen, die unerlaubtes Spammen nach sich zieht, schaden Sie damit auch Ihrem Namen und dem guten Ruf Ihrer Firma.

Nun gibt es ein paar Schlaumeier, die haben längst herausgefunden, wie man vermeintlich ohne Folgen spammen kann. Sie kennen auch die einschlägige Software, die in einem Email keine Spuren des Absenders hinterlässt. Und wenn sie sich dann ganz sicher sind, nicht erwischt zu werden, weil sie mit der entsprechenden Software verräterische Spuren zerhackt haben und einen der noch offenen Mailserver irgendwo auf der Welt benutzen, sich vielleicht sogar noch irgendwo bei einem fremden Provider eingewählt haben, stellt sich am Schluss dann nur noch die Frage, ob es überhaupt Sinn macht, überhaupt für sich zu werben, wenn die Empfänger nicht erfahren dürfen, an wen sie sich bei Interesse wenden müssen. Ihre Internetadresse dürfen sie nämlich nicht bekannt geben, ist diese doch registriert und gibt genaue Auskunft über den Absender. Einige Firmen, die Emailadressen vertreiben oder MLM-Geschäfte, Kettenbriefe oder andere obskure Möglichkeiten anbieten behelfen sich, indem sie in ihrem Text eine Telefonnummer angeben (meistens eine 800 Nummer in den USA). Die Frage ist, ob Sie Ihre Firma tatsächlich inmitten dieser Anbieter sehen wollen, zumal es mehr als fraglich ist, dass Sie über solche verschlungenen Wege der Kontaktaufnahme wirklich lohnenswerte Rückantworten erhalten werden.

Täuschen Sie sich auch nicht darin, was der Kopf eines Emails alles über den Absender preisgeben kann. Denn auch dann, wenn Sie einen der wenigen noch offenen Mailserver irgendwo auf der Welt gefunden haben und diesen für Ihre Aktion missbrauchen, lässt sich meistens zurückverfolgen, bei welchem Provider Sie sich eingewählt haben. Und anhand dessen Protokolldatei wird man Sie ausfindig machen und ausschließen. Nur ein paar spezielle Programme sind einigermaßen sicher und zerhacken auch noch diese Information. Sparen Sie sich aber das Geld für solche Software! Lassen Sie die Finger von solchen Aktionen, sie sind ohnehin nicht für Ihre seriöse Branche gedacht!

Nachdem in den USA ein Gesetz erlassen worden ist, dass in unerwünschter Werbung wenigstens ein Hinweis enthalten sein muss, wie man seine eigene Adresse von einer Mailingliste entfernen lassen kann, sind einige Spammer der Ansicht, die Einhaltung dieser Regel berechtige sie zum Versenden von Spam. Das ist ein Irrtum. Abgesehen davon, dass die meisten dieser "removal Instructions" ohnehin Fälschungen sind und nicht funktionieren, berechtigen auch korrekte Hinweise nicht zum Versenden von Werbemails. Niemand ist daran interessiert, seine Zeit damit zu verschwenden, sich von Listen austragen zu lassen, in die er sich niemals eingetragen hat. Das gleiche gilt für nicht bestellte Newsletters. Es verärgert den Empfänger nur, wenn er plötzlich erfährt, dass er von nun an regelmäßig eine Newsletter erhalten wird, von der er zuvor noch niemals gehört hat - falls er nichts unternimmt, um dieses nie bestellte „Abonnement" abzubestellen. Solche „Newsletter" werden versandt, um die Empfänger darüber zu verunsichern, ob sie sich nicht vielleicht doch in irgend eine Bezieherliste eingetragen haben, aber auch, um den Internetprovidern Seriosität vorzugaukeln. Eine solche Vorgehensweise ist unverschämt und der Empfänger - als unfreiwilliges „Mitglied" - kommt sich mit vollem Recht für dumm verkauft vor. Wenn dieser dann seine ganze Wut darauf konzentriert, das Emailkonto des Versenders schließen zu lassen, so ist diesem recht geschehen.

Nun ist es nicht so, dass sich Menschen zwangsläufig über Ihre Email-Werbung beschweren müssen. Je zielgerichteter Sie Ihre Werbung nämlich einsetzen, desto weniger wird sich jemand dadurch belästigt fühlen und sich über Sie beschweren. Wenn Sie in einer ausgefallenen Branche arbeiten und mit Ihrem Email nur solche Betriebe ansprechen, die Ihr Produkt benötigen, wird die Wahrscheinlichkeit, dass Ihre Werbung als Spam verstanden wird, schon merklich geringer. Der Empfänger wird vielleicht sogar vermuten, dass er mit Ihnen bereits früher in Geschäftsverbindung gestanden hat und sich hüten, gleich mit der Keule auf Sie einzuschlagen. Trotzdem sollten Sie die Finger von unerwünschter Werbung lassen. Sie belästigt und ist in den meisten Ländern sogar verboten. Außerdem ist der Aufwand an die Adressen der genau passenden Zielgruppe zu gelangen so hoch, dass alle Vorteile dieses billigen - und zweifelhaften - Postversands dadurch wieder kompensiert werden. Wie wir dieses Thema dennoch variieren können, um gezielt einige Botschaften zu versenden, und was ansonsten mit Emails noch möglich ist, werden wir weiter unten sehen.

Dumme Tricks

Aber auch andere, weit subtilere Tricks werden angewandt, um einen Vorwand zu schaffen, unerwünschte Werbung zu schicken. Da kommt Ihnen von einem unbekannten Versender eine Anfrage in den Computer, ob dieser Ihnen eine wichtige Nachricht schicken dürfe. Eine derartige Anfrage lässt sich nun schwer als unerlaubte Werbung anzeigen. Der Versender spekuliert darauf, dass bei Ihnen die Neugier überwiegt, Sie ihm deshalb antworten und die Information anfordern werden - und er so ein, wenn auch zweifelhaftes Recht erhält, Ihnen seine Werbung zukommen zu lassen.

Andere schicken Ihnen leere Emails - vielleicht mit einer vielsagenden Betreffzeile - unter Umständen sogar von Ihrer eigenen Webseite aus (mit entsprechender Anschrift oder Betreff). Sie, in dem Glauben, eine wichtige Botschaft könnte verloren gegangen sein, fragen nach, was diese leere Nachricht bedeuten soll. In den Augen des Absenders haben Sie ihm dadurch einen Vorwand geschaffen, seine Werbebotschaft doch noch loszuwerden. So ist es ganz schön schwierig, dem Spam völlig zu entgehen.

Oftmals werden Werbebotschaften unter einem selbstlosen Vorwand geschickt. Da werden Aufrufe von hilfebedürftigen Personen durch das Internet gejagt, die es nicht gestatten, mit reinem Gewissen dagegen vorzugehen. Am Fußende einer solchen Nachricht steht dann in allen Details, wodurch sich die Firma des Versenders auszeichnet - gerade noch so klein gehalten, dass es als Signatur-Datei durchgehen kann. Natürlich fehlt dann auch nicht der Link zur Webseite, auf der das detaillierte Angebot des „selbstlosen" Absenders nachzulesen ist. Aber auch Warnungen vor Viren werden für verkappte Werbemails benutzt. - Verknüpft mit Werbung in der Unterschriftdatei, lässt sich kaum wirksam gegen diese Methoden vorgehen.

Diese ganzen subtilen Vorgehensweisen steigern zwar den Bekanntheitsgrad einer Firma - doch auch hier ist der Grat zwischen "bekannt" und "berüchtigt" äußerst schmal. So setzen wir zum Beispiel voraus, dass Sie Ihren Geschäftsfreunden und Kunden eine Weihnachts-, Neujahrs- oder Osterbotschaft schicken; es wird aber nicht unbedingt die gesamte Internetgemeinde beglückt sein, aus diesen Anlässen ebenfalls von Ihnen zu hören.

Bedenken Sie immer, dass genauso schnell wie Sie eine Werbebotschaft an Tausende von Empfänger verschicken auch eine Warnung vor Ihrer Firma durch das Internet rasen kann - ohne dass Sie dies überhaupt mitbekommen müssen.

Sollen Sie jetzt ganz auf Werbung per Email verzichten? Natürlich nicht! Sie müssen sich nur von dem Gedanken trennen, Email als kostenlose Massendrucksache einsetzen zu wollen. Sie brauchen jetzt aber auch nicht übervorsichtig zu werden, mit dem was Sie in Zukunft per Email versenden. Niemand wird Ihre Firma leichtfertig diskreditieren; denn obwohl das Internet noch immer weitgehend ein rechtsfreier Raum ist, unterliegt üble Nachrede – und damit verbundene Schadensersatzklagen - den Gesetzen der meisten Länder. Darüber hinaus hinterlässt auch ein Warner immer einen unangenehmen Beigeschmack. Schließlich weiß niemand, ob er nicht eines Tages selbst in dessen Visier gerät.

Erlaubte Tricks

Zu den erlaubten Tricks gehören die oben genannten Grüße und Glückwünsche zu Festtagen, sofern diese nur an eine eingegrenzte Zielgruppe aus Ihrer Branche gerichtet sind - an Empfänger, mit denen Sie bereits Kontakt hatten. Eine andere Gruppe macht für Sie ohnehin keinen Sinn. Bei solchen ausgesuchten Empfängern spricht auch nichts dagegen, wenn Sie am Fußende mit einer kurzen Note darauf hinweisen, welche Neuerungen oder Veränderungen es nach dem Fest in Ihrer Firma geben wird. Allerdings sollten die Grüße der Hauptbestandteil des Emails sein und keinesfalls die Werbung. Wenn ein Weihnachtsgruß allzu offensichtlich nur Vorwand und Träger der Werbebotschaft ist, hat dieser sein Ziel verfehlt und hinterlässt auch dann einen schalen Nachgeschmack, wenn niemand Sie deswegen anschwärzen kann.

Wir haben Weihnachten stets genutzt, um alle, die jemals mit uns in Kontakt getreten sind, auf unsere Seiten zu schicken. Dort haben wir dann einen Link zu einer wohltätigen Einrichtung platziert und die Empfänger unserer Weihnachtsbotschaft aufgefordert anstelle von (virtuellen) Weihnachtskarten lieber diesen Link zu nutzen, um dadurch etwas zu spenden. Sehr gut dazu geeignet ist die Seite http://www.thehungersite.com/. Dort haben einige Firmen Ihre Werbung platziert und immer dann, wenn diese Seite angeklickt wird spenden diese Firmen einen kleinen Betrag an die Welthungerhilfe. Auf diese Weise tun Sie etwas Gutes und profitieren auch noch davon. Allerdings sollten Sie ein paar Punkte beachten. Zum einen empfiehlt es sich, vor einer solchen Aktion die eigenen Seiten auf den neuesten Stand zu bringen. Dann sollte die Verknüpfung zu der wohltätigen Einrichtung nur auf Ihrer Homepage stehen und nicht etwa schon in dem Glückwunsch-Email. Dort ist sie zwar lobenswert untergebracht, hätte ihr Ziel zu werben aber meilenweit verfehlt. Außerdem ist es nützlich, die Verknüpfung mit „target=extern" in einem neuen Browserfenster zu öffnen damit Ihr eigenes Angebot nicht gleich wieder weggeklickt wird. Falls Sie außer http://www.thehungersite.com/ jetzt noch die Adresse einer anderen wohltätigen Einrichtung finden, die einen ähnlichen Dienst gewährt, heben Sie sich außerdem von den übrigen Lesern dieses Buches ab.

Wenn Sie sich hin und wieder die Mühe machen und durch das Internet surfen, um Seiten Ihrer potentiellen Kunden zu suchen, werden Sie nicht nur vertrauter mit Ihrer Klientel und deren Wünsche, sondern können diese bei dieser Gelegenheit auch fragen, ob sie nicht einen gegenseitigen Link auf ihre Seiten setzen wollen. Das Austauschen gegenseitiger Links ist im Internet gang und gäbe. Obwohl Sie an einem Austausch von Links tatsächlich interessiert sind, setzen Sie in diesem Fall aber in erster Linie darauf, dass der Angesprochene Ihre Seiten besucht, um zu sehen, auf was er sich mit einem Link überhaupt einlässt. Bei einem solchen Besuch begegnet er dann zwangsläufig Ihrem Angebot.

Allerdings sollten Sie bei Ihrer Anfrage unbedingt folgende Ratschläge beherzigen:
1. In ein Email mit der Frage nach gegenseitigen Links gehört keine Werbung!!!
2. Ihr Email sollte persönlich gehalten sein und ein wenig auf die Seiten Ihres Ansprechpartners eingehen, um diesem zu zeigen, dass Sie auch wirklich auf dessen Seiten gewesen sind. Wenn Sie erwähnen, was Ihnen dort besonders gut gefallen hat, vermeidet dies nicht nur Missverständnisse, sondern sichert Ihnen auch das Wohlwollen des Empfängers. Überhaupt sollten Sie bei solchen Anfragen viel „Handarbeit" aufwenden, um sich von Spammern abzugrenzen.
3. Am besten ist es, wenn Sie selbst schon eine Linkseite eingerichtet haben, auf der Sie die Seiten ihres Ansprechpartners vorab gelinkt haben. Eine solche Linkseite können Sie auch unbesorgt ganz tief im Internet vergraben, denn sie soll Ihnen nur als Vorwand

dienen. Wenn Sie dann Ihren Brief damit beginnen, indem Sie behaupten, die Seiten des Adressaten hätten Ihnen so gut gefallen, dass Sie diese bereits vorab gelinkt haben, ist Ihnen dessen Wohlwollen auf jeden Fall sicher. Der so Angesprochene wird Ihnen dankbar sein, hat doch jeder so seine eigenen Probleme, im Internet bekannt zu werden und begrüßt daher jede Hilfe. Auch wenn er am Ende auf seinen eigenen Seiten keinen Link zu Ihren Seiten veröffentlicht, wird er im Zweifelsfall Ihren Seiten einen Gegenbesuch abstatten, sei es aus Neugier oder weil ihn eine gute Erziehung zu einem Höflichkeitsbesuch verpflichtet.

Ähnliche Wirkung erzeugt auch ein Email, mit dem Sie sich nach den Produkten Ihres Ansprechpartners erkundigen. Da auch dieser ausgezogen ist, um im Internet zu verkaufen, wird er Ihre Anfrage meistens beantworten. Damit haben Sie einen Vorwand erhalten, mit ihm eine Emailkorrespondenz zu eröffnen. Dies funktioniert allerdings nur dann, wenn Sie glaubwürdig von der Rolle des Käufers in die des Verkäufers wechseln können. Sie sollten natürlich keine Produkte nachfragen, die Sie selbst vertreiben und die Ihr potentieller Kunde bei Ihnen kaufen müsste, um sie wiederum Ihnen anbieten zu können. Das ist Humbug und lässt beträchtliche Zweifel an Ihrer Seriosität aufkommen. Dann hilft schon eher die Nachfrage wie ein Produkt genau beschaffen ist, um im dritten oder vierten Email einen Vergleich mit dem eigenen Produkt zu wagen. Es gibt zahlreiche Möglichkeiten der vorsichtigen Annäherung und sie variieren von Branche zu Branche, so dass ich hierzu keine allgemeingültigen Ratschläge geben kann.

Abzuraten ist dagegen von Emails, die fadenscheinige Gründe vorgeben und ganz offensichtlich nur dazu dienen, den anderen in ein Gespräch zu verwickeln und einem selbst den Vorwand liefern sollen, seine Werbung loszuwerden. Unterschätzen Sie niemals die Intelligenz Ihres Ansprechpartners und versuchen Sie nicht, diesen für dumm zu verkaufen. Er wäre mit Recht beleidigt über Ihre Einschätzung und wird im günstigsten Fall den Kontakt zu Ihrer Firma abbrechen. Denken Sie stets daran, dass ein Geschäftsführer kaum seine Position erreicht hätte, wenn er auf jede Bauernfängerei hereinfallen würde.

Übrigens fällt unter diese Rubrik auch die oben erwähnte einfallslose Idee, ein leeres Email zu verschicken, um damit eine Nachfrage nach dessen Inhalt zu provozieren, die einem den Vorwand liefern soll, sich nun seinerseits in ausführlicher Werbung zu ergehen.

Dagegen wird Sie niemand als Spammer anklagen, wenn Sie einmal eine Postkarte verschicken, um aus einem bestimmten Anlass mit potentiellen Kunden ins Gespräch zu kommen. Im Internet gibt es zahlreiche Anbieter von Postkarten, so dass Sie nicht nur ausreichend Auswahl an Motiven, sondern auch an Firmen haben sollten. Der Empfänger erhält eine Benachrichtigung, dass für ihn eine Postkarte zur Abholung bereit liegt. Da Sie auf der Postkarte nicht nur Ihren Absender, sondern auch eine Nachricht hinterlassen können, personalisieren Sie diesen Text so gut wie möglich, um den Eindruck von Spam zu vermeiden und um mit dem Empfänger ins Gespräch zu kommen. Senden Sie eine Karte, die etwas über Ihre späteren Absichten aussagt oder an die Sie mit Ihrem Vorhaben anknüpfen können. Eine nackte Blondine mit eindeutigen Aufforderungen sollte dagegen nur Ihren Stammtischkollegen vorbehalten bleiben.

Postkarten erfordern einige Handarbeit, da Sie diese Taktik nicht einsetzen dürfen, um Bulkmail zu verschicken. Abgesehen davon, dass Massenpost mit Postkarten ebenfalls verboten ist, würde die Postkartenfirma Sie bald auf ihre schwarze Liste setzen und Sie von jedem weiteren Service ausschließen.

Ihre eigene Adressenliste

Ihre Hauptwaffe in der Emailwerbung wird immer Ihre eigene Adressenliste sein. In dieser Liste sollten alle Personen und Firmen stehen, die jemals mit Ihnen Kontakt aufgenommen haben. Bieten Sie also etwas an, das potentiellen Kunden genügend Grund gibt, sich bei Ihnen zu melden, und ihre Emailadresse bei Ihnen zu hinterlassen. Bieten Sie „kostenlose Informationen", „unverbindliche Beratung", „aktuelle Tagespreise" und ähnliches mehr - was auch immer sich aus Ihrem Angebot ergibt. Setzen Sie in Ihren Angebotstext einen Link, der bei einem Mausklick eine leere, an Sie adressierte Email öffnet. Wiederholen Sie Ihr bestes Angebot noch einmal am Fußende des Emails und auf der betreffenden Internetseite – dort neben Ihrer Emailadresse.

Je nach Interessengebiet oder Nachfrage dürfen Sie an „Ihre" Gruppe von Zeit zu Zeit unaufgefordert Informationen über Ihr Angebot schicken – vorausgesetzt, die angebotenen Produkte decken sich im weitesten Sinne mit dem, was der Kunde ursprünglich bei Ihnen nachgefragt hat. Denn auch wenn ein Adressat Ihnen gestattet hat, dass Sie ihm hin und wieder Informationen über Ihre Produktpalette oder ihrer Leistungen zukommen lassen dürfen, so sollte dies für Sie noch lange kein Freibrief sein, von nun an alles an ihn zu versenden, was Ihnen gerade so einfällt. So wird niemand erbaut sein, von Ihnen regelmäßig Werbung über Autoreifen zu erhalten, weil er bei Ihnen einmal einen Fahrradschlauch bestellt hat. Bleiben Sie strikt bei dem Interessengebiet Ihres Kunden, sonst riskieren Sie schnell, dass Ihre mühsam erworbene Adressenkartei im Nu dahinschmilzt.

Denn das oberstes Gebot jeder Emailwerbung ist, dass Adressen nach der ersten Aufforderung oder Beschwerde des Empfängers sofort wieder aus Ihrer Liste entfernt werden müssen. Jede weitere Benutzung solcher Adressen würde Sie sofort als Spammer dequalifizieren, der mit allen Folgen rechnen muss, die ich weiter oben zu diesem Thema ausführlich erörtert habe. Jeder, der die Emailadresse eines Interessenten dauerhaft als sein Eigentum betrachtet, mit dem er tun und lassen kann, was er will, wird kaum länger als seriöser und fairer Geschäftspartner gelten. Streichen Sie also die Adresse aus Ihrem Datenbestand, wenn der Empfänger es so wünscht und unterrichten Sie ihn darüber, dass Sie seiner Bitte nachgekommen sind. Wenn Sie am Ende Ihres Bestätigungsschreibens noch erwähnen, dass Sie sich freuen würden, ihn eines Tages wieder bei sich begrüßen zu können, so hat dies einen weitaus größeren Werbeeffekt, als wenn Sie ihn mit Ihrer Werbung weiter belästigen.

Halten wir also fest, dass Ihre Adressenkartei im Internet genauso wertvoll ist wie Ihre normale Kundenkartei. Pflegen Sie diese also und halten Sie die Kartei ständig auf dem neuesten Stand. Gerade im Internet wechseln die Adressen hundertmal schneller als im richtigen Leben. Jeder kann von jetzt auf nachher ein Emailkonto eröffnen und ein altes schließen, ohne dass dabei ein Umzug anfällt oder auch nur ein Gegenstand transportiert werden müsste. So werden Sie viel zu schnell herausfinden, wie aus Ihrer Adressenkartei ein Friedhof für Karteileichen wird, weil nicht wenige Adressen über Nacht ungültig geworden sind. Halten Sie Ihre Kartei also stets auf dem Laufenden.

Halten Sie Ordnung. Trennen Sie genau, welcher Kunde sich für welches Produkt interessiert, wie er Sie im Internet entdeckt hat (von welcher Ihrer Seiten er das Mail versandt hat) und ob er schon früher bei Ihnen gekauft hat. Je genauer Sie diese Fakten trennen, desto gezielter können Sie zukünftig Ihre Werbung einsetzen. Auch wenn Ihnen ein solch pedantisches Vorgehen bei den wenigen Adressen am Anfang noch ein wenig befremdlich erscheinen wird, so sollten Sie daran denken, dass es wesentlich einfacher ist, jede neu erworbene Adresse von Anfang an in die richtige Rubrik einzutragen als Monate später eine umfangreiche Adressenkartei umzustellen. Achten Sie aber bitte unbedingt auf Dubletten, damit sich niemand an einer doppelt oder gar dreifach erhaltenen Email stört.

Bulkmail – Cc und Bcc

Wollen Sie einen Text an mehrere Empfänger verschicken, gehen Sie folgendermaßen vor: jedes einigermaßen moderne Emailprogramm (zum Beispiel: Eudora, Outlook, Pegasus usw.) bietet Funktionen an, um Adressenlisten unter bestimmten Stichworten abzulegen. So könnte Ihre Datenbanken so aussehen, dass ein Adressenbestand unter dem Stichwort "Kunden-xy", ein anderer unter "Kunden-xz" und ein weiterer unter "Interessent-xy" usw. eingetragen ist. Wenn Sie jetzt ein Email erstellen, schreiben Sie nur noch das entsprechende Stichwort (z.b. "Kunden-xz") anstelle zahlreicher Emailadressen in das Bcc-Feld Ihrer Anschriftenmaske. Dies erspart Ihnen nicht nur jede Menge Schreibarbeit, sondern stellt auch sicher, dass Ihr Email die richtigen Empfänger erreicht – vorausgesetzt der Oberbegriff Ihrer Adressenliste ist prägnant und Sie können diesen gedanklich richtig zuordnen. Achten Sie aber unbedingt darauf, dass bei einem Email an mehrere Empfänger die Adressen ausschließlich in das Bcc-Feld gehören. Nur so ist gewährleistet, dass nicht jeder Empfänger gleich auch Ihre Adressenliste mitgeliefert bekommt. In das Anschriftenfeld „To:" geben Sie eine fiktive oder Ihre eigene Adresse ein. Das Cc-Feld bleibt dagegen leer. Kontrollieren Sie dies bitte zweimal, bevor Sie ein Email losschicken! Oder wollen Sie Ihre Kundenkartei über das Internet verteilen? Abgesehen davon wertet es Ihre Nachricht ab, wenn diese schon auf den ersten Blick wie ein Rundschreiben aussieht.

Nun könnten Sie in das Bcc-Feld ohne weiteres auch mehrere Adressenlisten eintragen, wenn Sie diese durch Kommata voneinander trennen. Machen Sie dies aber bitte nicht! Nehmen wir an, ein Kunde hat sich ursprünglich einmal für das Produkt „xy" und später auch noch einmal für das Produkt „xz" interessiert. Wenn Sie sorgfältig gearbeitet haben, befindet sich die Adresse dieses Kunden dann sowohl in der einen wie auch in der anderen Datenbank. Hat er dann noch ein drittes Produkt gekauft und sich für ein viertes nur alle Informationen geben lassen, taucht seine Adresse gleich in drei oder vier Adressenlisten auf. Setzen Sie also mehr als einen Listennamen in das Adressfeld Ihres Emails, werden solche Leute anstatt nur einer Werbebotschaft auf einmal mehrere Emails mit dem gleichen Text erhalten. Dies würde aber nicht etwa bewirken, dass Ihre Botschaft deswegen dreimal besser verstanden wird, sondern nur, dass die Empfänger sich belästigt fühlen und dazu noch erkennen müssen, wie wenig sorgfältig Sie arbeiten und wie gleichgültig Sie mit der Korrespondenz an Ihre potentiellen Kunden verfahren.

Anstatt mehrere kleine Listen zusammenzufassen, erstellen Sie lieber eine neue, übergeordnete Adressenliste, die Sie auf doppelte Einträge kontrollieren. Am einfachsten und zuverlässigsten gelingt eine solche Selektion noch mit Hilfe einer Datenbank-Software, die nicht nur Dubletten filtert, sondern auch auf Knopfdruck den Adressenbestand alphabetisch sortiert (z.b. D-Base, Access, Approach etc).- aber auch Tabellenkalkulation (wie zum Beispiel Excel, Lotus 123, Multiplan usw.) sind dafür geeignet. Mit „Kopieren" „Einfügen" haben Sie die bearbeitete Liste dann schnell wieder an Ihr Emailprogramm übergeben. Meistens reicht es aber schon, eine Liste alphabetisch zu sortieren, um doppelte Adressen zu eliminieren. So geordnet brauchen Sie die Spalte nur noch zu überfliegen und im Nu haben Sie an der identischen Wortlänge alle Dubletten ausfindig gemacht. Probieren Sie es aus, Sie werden feststellen wie einfach das funktioniert. Wir haben diese Methode selbst viele Male mit Listen angewandt, die einige hundert Einträge enthielten.

Die Betreffzeile

Zwischen dem Adressenfeld und dem Cc-Feld, befindet sich eine Zeile mit dem Namen "subject:" oder „Betreff:". Nun ist dies hier kein Buch, das den Anspruch erhebt, Ihnen den Umgang mit Ihrer Software beibringen oder Ihnen gar die Grundlagen des Internets vermitteln zu wollen. Trotzdem lassen Sie uns ein paar Sätze zu diesem Feld sagen, da diese Zeile - zusammen mit dem Namen des Absenders - darüber entscheidet, mit welcher Erwartungshaltung der Empfänger Ihr Email öffnet. Ist darüber hinaus der Name des Absenders nicht auf den ersten Blick einzuordnen, so ist die Betreffzeile sogar der einzig aussagekräftige Hinweis auf den Inhalt einer noch geschlossenen Email. Um sich zu veranschaulichen, welche Bedeutung der Eintrag in dieser Spalte haben kann, stellen Sie sich vor, Sie erhalten ein Email mit dem Betreff: "1000 Möglichkeiten über Nacht reich zu werden" oder "$$$ HOT HOMEBASED BUSINESS $$$". Wenn wir voraussetzen, dass Sie ein erfahrener Geschäftsmann sind, und die gutgläubigen Jugendjahre schon einige Zeit hinter Ihnen liegen, werden Sie ein solches Email wahrscheinlich ungelesen in den Papierkorb werfen. Kontrollieren Sie aber auch den Inhalt Ihres eigenen Emails auf Zeichen, die auf Spam schließen lassen. Nicht wenige Internetnutzer haben bei ihrer Emailsoftware sogenannte Filter installiert, die Emails mit Phrasen wie „GUARANTEED RESPONSE", „EXTRA INCOME", „EXTRA DOLLARS" usw. automatisch in den Papierkorb befördern. So könnte es passieren, dass ein Empfänger Ihr Email niemals zu sehen bekommt. Schauen Sie sich die Emails der FFA an, über die wir später noch sprechen werden, um zu erkennen, was Sie besser vermeiden sollten. Schreiben Sie Ihre Emails auch nicht ausschließlich in Großbuchstaben. Das sieht auf den ersten Blick nach Spam aus und ist außerdem auch noch unhöflich.

Sie sehen also, inwieweit die Überschrift schon eine gewisse Erwartungshaltung bei dem Empfänger erzeugt und seine Stimmung, mit der er das erhaltene Email öffnet, beeinflusst. Daher spielt der Eintrag in dieser Rubrik eine nicht unerhebliche Rolle. Natürlich können Sie sich um dieses Thema drücken, indem Sie dieses Feld einfach leer lassen, um den Leser unbeeinflusst mit Ihrem Text zu konfrontieren. Damit verspielen Sie aber die Chance, schon jetzt auf den Inhalt vorzubereiten und Interesse zu wecken. Gehen Sie besser so vor, dass Sie sich überlegen, welchen Vorteil der Empfänger aus Ihrer Werbung ziehen kann. Fassen Sie diesen Vorteil in wenigen einprägsamen Worten zusammen und schreiben Sie das in die Betreffzeile. Damit wecken Sie die Neugier Ihres Kunden. Lesen Sie dazu noch einmal die Beispiele im ersten Absatz des Buches.

Außerdem bleibt Ihre Betreffzeile und somit Ihre Werbebotschaft später auch dann sichtbar, wenn das Email wieder geschlossen wird. Jedes Mal, wenn der Kunde die betreffende Mailbox öffnet, sieht er nur die Namen der Absender und die Betreffzeilen. Und genau an diesem Punkt sollte eine spannende Aussage weiter für Sie arbeiten.

Vermeiden Sie es aber bitte unbedingt, in der Betreffzeile mehr zu versprechen als Sie halten können. Dies gilt übrigens für alle Bereiche der Werbung. Hochtrabende Sprüche, leere Versprechungen und unerfüllte Erwartungen erzeugen nur Frust und Ärger und bewirken das Gegenteil von dem, was sie eigentlich erreichen sollten. Außerdem wenden Sie sich in den meisten Fällen ohnehin an eine Zielgruppe, die mit Ihrer Branche vertraut ist oder sich zumindest mit Ihrem Produkt beschäftigt hat. Rasch verkehrt sich dann eine Werbung ins Gegenteil und stempelt den Verfasser als unseriös ab. Neben allen Vorteilen, die eine packende Betreffzeile bietet, bleibt es Ihre Hauptaufgabe, Ihr Angebot zu verkaufen und nicht Leute dazu zu bewegen, Ihre Emails zu öffnen.

Signaturen

Nachdem wir uns nun mit dem Kopf des Emails befasst haben, lassen Sie uns zu seiner Fußnote kommen. Das Ende eines jeden Emails sollte grundsätzlich aus einer Unterschriftsdatei bestehen. Dies ist eine kleine Textdatei,, die den persönlichen Namen des Verfassers, seinen Firmennamen, seine Telefonnummer und seine Faxnummer sowie seine Internetadresse und seine Emailadresse enthalten sollte. Bei korrekter Einstellung der Software sollte eine solche Datei automatisch an das Ende eines jeden Emails angehängt werden.

In Ihren Anschriftdaten sollte der Emailadresse der HTML-Code "mailto:" (mailto:"info@ihreaddresse.com") vorangestellt sein, so dass dies als Verknüpfung arbeitet und beim Anklicken ein neues an Sie adressiertes Emailfenster öffnet. Auch Ihre Internetadresse reagiert auf Mausklick, wenn Sie diese korrekt mit "http://www." kennzeichnen. Achten Sie dabei auf nachfolgende Satzzeichen oder zu dicht folgenden Text, der von dem Programm als URL interpretiert werden könnte. „http://www.ihredomain.de" funktioniert, während „http://www.ihredomain.de." nur eine Fehlermeldung erzeugt, da der Punkt hinter „de" fehlinterpretiert wird. Verzichten Sie auch nicht auf Ihre herkömmliche Kontaktadresse und geben Sie dem Empfänger damit die Möglichkeit, Sie kurzerhand anzurufen oder Ihnen ein Fax zu schicken.

Heutzutage können Sie bei den meisten Programmen mehrere Signaturen - wie diese Unterschriftsdateien auch genannt werden - einrichten. Haben Sie mehrere Emailadressen in Gebrauch, so weisen Sie jedem Absender eine eigenständige Signatur zu. So können Sie ganz verschiedenen Abteilungen Ihrer Firma unterschiedliche Kontaktadressen und Schlusssätze zuweisen. Stellen Sie Ihrer Adressenangabe „Best regards" oder „Viele Grüße" voran und ersparen Sie sich damit die lästige Tipparbeit. Signaturen können sogar unterschiedlich formatiert sein. Sie können aber auch kleine Werbebotschaften anfügen, die mit Ihrer Signatur an jedes Email automatisch angehängt wird - Hinweise auf Neuerungen, Messetermine oder Veränderungen in Ihrer Firma.

Allerdings sollten Sie ein paar Dinge beachten: Eine Signatur ersetzt natürlich nicht den eigentlichen Text einer Email. Sie sollte für gewöhnlich also nicht länger sein als ein paar Zeilen. Achten Sie auch darauf, dass sie lesbar ist und verzichten Sie auf exotische Formatierungen, die bei dem Empfänger mit einem anderen Computersystem völlig anders - und nicht selten missraten - aussehen könnte.

Unterlassen Sie den Unfug, elektronische Visitenkarte zu erzeugen und zu verschicken. Wenn Ihre Unterschriftsdatei den oben genannten Kriterien entspricht, sollte sie alle Kontaktinformationen enthalten. Kein Mensch wird dann noch irgend eine Visitenkarte anklicken. Trotzdem wird Ihr Emailprogramm nicht aufhören, mit jedem neuen Email auch wieder eine neue Visitenkarte zu verschicken, die nach und nach die Ordner Ihrer Geschäftspartners füllen, so dass diese eines Tages gezwungen sein werden, den ganzen Datenmüll ohne Ansehen des Absenders zu löschen.

Der eigentliche Text und seine Form

Verzichten Sie auch im Text Ihres Emails weitgehend auf Formatierungen. Berücksichtigen Sie bei aller vermeintlichen Standardisierung, dass Ihre gestalteten Emails nur dort wie gewünscht erscheinen wo System und Einstellung dem Ihres Computers ähneln. Erreicht Ihr Email ein völlig anderes System, so kann es durchaus passieren, dass es im günstigsten Fall hässlich aussieht, und im ungünstigsten Fall unleserlich ist. Nicht selten haben wir in der Vergangenheit Emails erhalten, die wir erst lesen konnten, nachdem wir diese markiert und mit dem entsprechenden Befehl alle Formatierung entfernt hatten. Gehen Sie davon aus, dass nicht unbedingt jeder weiß, wie man Formatierungen aus einem Text entfernt, um den Inhalt wieder lesbar zu machen. Bewegen Sie sich auf sicherem Boden und schicken Sie Ihre Nachricht nur als einfachen Text und in einer gängigen Schrift. Wollen Sie darüber hinaus noch etwas mehr für das Aussehen und die Lesbarkeit tun, dann begrenzen Sie die Zeilenlänge ihres Textes auf 60 Zeichen. Dadurch vermeiden Sie, dass ein Programm mit einer anderen Randeinstellung die Absätze zerpflückt.

Da außerdem nicht jedes Programm Ihre Formatierungsbefehle umsetzen kann, sollten Sie sich aber auch nicht auf Hervorhebungen wie Fettdruck oder kursive Schrift verlassen. Setzen Sie entsprechende Passagen, die Ihnen wichtig erscheinen und die Sie hervorheben möchten „lieber in Anführungszeichen" oder *** zwischen Sternchen ***. Ist Ihnen eine Aussage besonders wichtig, empfiehlt es sich ohnehin, diese unter den eigentlichen Text als P.S. zu setzen. Übrigens sollten wir mit unserer deutschen Sprache auch bei den Umlauten vorsichtig sein und im Zweifelsfall lieber auf Umschreibungen wie "ue" "ae" oder "oe" ausweichen - vor allen Dingen dann, wenn wir mit dem Ausland korrespondieren.

Sorgen Sie dafür, dass Ihr Text auch inhaltlich leicht lesbar bleibt. Sparen Sie nicht mit Absätzen, wenn dies die Übersichtlichkeit erhöht. Seien Sie in der Wortwahl höflich und informativ und vermeiden Sie Superlative genauso wie fortlaufend Großbuchstaben. Belassen Sie bei einer Rückantwort die frühere - zumindest die letzte - Korrespondenz Ihres Geschäftspartners im Text, um diesem die Möglichkeit zu geben, sich auf einen Blick über die Zusammenhänge zu informieren. Antworten wie: "wir sind mit Ihrem Vorschlag einverstanden!" sind wenig hilfreich, wenn kein Bezug zu dem früheren Text besteht. Bekommt eine Firma einige Dutzend Emails pro Tag, so dauert es eine geraume Zeit – und erfordert das Sichten etlicher früherer Emails - bis der Zusammenhang zu Ihrer Botschaft wieder hergestellt ist. Muss ein Kunde bei einem Email erst einmal raten oder recherchieren, um die Zusammenhänge zu begreifen, so wird er geneigt sein, leichter zu bearbeitende Post der Ihren vorzuziehen. Vielleicht hebt er sich eine Antwort auch für eine „ruhige Stunde" auf. – Viel Spaß beim Warten!

Attachments

Ist es Ihnen wichtig, ein Formular zu verschicken, in einer extra Datei Ihren Briefkopf vorzuzeigen oder Bilder weiterzuleiten, so können Sie dies alles an das Email anhängen. Solche Anhängsel nennt man „Attachments"

Vermeiden Sie bei Ihrer **ersten** Kontaktaufnahme unbedingt jegliches Attachment. Schicken Sie am besten grundsätzlich keine Attachments, wenn Sie nicht dazu aufgefordert worden sind oder sich zumindest die Erlaubnis dafür eingeholt haben. Kaum jemand ist entzückt, minutenlang vor seinem Monitor zu hocken, um auf nicht bestellte Dateien zu warten. Lassen Sie Attachments bei Ihrer Werbung also weg! Geben Sie stattdessen die Möglichkeit, sich Bilder und bunte Erklärungen über einen Link im Internet auf Ihrer Webseite anzuschauen oder von dort Dateien herunterzuladen. Oder lassen Sie Attachments explizit anfordern. Wenn Sie dafür eine extra Emailadresse und einen zugehörigen Autoresponder einrichten, der ein entsprechend ausführliches Email mit Attachment zurückschickt, können Sie den Vorgang sogar automatisieren.

Aber auch wenn Sie angeforderte Attachments verschicken, sollten Sie einige Regeln beachten, denn es ist ein Irrtum, dass proportional zur Wartezeit die Vorfreude zunimmt. Vielmehr ist es jedes Mal ärgerlich, wenn ein voluminöses Email die Leitung verstopft. Anhängsel, von einem Megabyte und darüber, haben - auch in angeforderten Informationsschreiben - nur dann eine Daseinsberechtigung, wenn der Empfänger zuvor über die Größe informiert worden ist und den Empfang gutgeheißen hat. In den meisten Fällen macht es mehr Sinn, den Interessenten auf eine Internetseite zu leiten, wo er sich die Datei wann immer er möchte herunterladen kann. Zudem kann er sich dann noch eine Zeit aussuchen, die nur geringe Telefonkosten verursacht, denn die überwiegende Zahl der Internetnutzer zahlt nach wie vor für die Online-Zeit.

Nicht umsonst plädiere ich für die einfache Textnachricht ohne Schnörkel. Bedenken Sie, dass auch gut gestaltete Emails mit umfangreichem Text und kleinen Bildchen versehen ebenfalls rasch - und von Ihnen weitgehend unbemerkt - einen Umfang erreichen können, der das Herunterladen zum Geduldspiel werden lässt. Bevor Sie also anfangen, den Inhalt Ihrer Emails kunstvoll auszuschmücken, überlegen Sie kurz, ob Ihr Logo wirklich beeindruckt oder der Empfänger sich darüber freut, Ihre Stimme zu hören. Halten Sie statt dessen Ihren Text knapp und informativ und verbannen Sie Logos und andere Bilder aus Ihren Emails - der Empfänger interessiert sich nicht dafür, was Ihr Programm alles kann und wie gut Sie dieses beherrschen!

Achten Sie bei Attachments aber auch auf die Art der Datei. Weit verbreitet sind Word Dokumente, die mit Makro-Schutz in der Programmeinstellung auch gefahrlos geöffnet werden können. Ungefährlich und von jedem, der mit dem Internet umgeht bedienbar, sind HTML-Dateien und GIF- sowie JPG-Bilder. Sollen es mehrere Seiten in einem Grafikdokument sein, bietet sich das TIF-Format an. Die meisten Firmen, die Fax per Email anbieten verschicken die erhaltenen Faxdokumente in diesem Format oder in einem Format, das sich zumindest in TIF konvertieren lässt. Verfügen Sie über die entsprechende Software um Dateien im PDF-Format (Portable Data Format) zu verschicken, hinterlassen Sie bei dem Empfänger einen professionellen Eindruck. Solche Dateien können mit Acrobat Reader geöffnet werden. Diese gebräuchliche Software wird heutzutage mit jeder x-beliebigen Software verschickt, da die mitgelieferten Handbücher nur noch in diesem Format auf der CD vorliegen. Außerdem lassen sich Dateien in diesem Format in mehreren Stufen schützen, sodass sie nicht verändert werden können. Von „Veränderungen zulassen" über „Anmerkungen einfügen" zu „Drucken erlauben oder untersagen" können Sie nahezu jede Option einstellen.

Der Trick mit dem Autoresponder

Ein Autoresponder ist ein Programm, das eingehende Emails mit einer vorgegebenen Antwort quittiert. Ihr Provider sollte Ihnen diese praktische Einrichtung bieten können. Füllen Sie jetzt aber nicht die Festplatte Ihrer Klientel, indem Sie jedes eingehende Email mit einer Empfangsbestätigung quittieren. Wenn Sie nicht tagelang abwesend sind und deshalb ankommende Emails mit einem entsprechenden Hinweis beantworten wollen, richten Sie Autoresponder bitte nur für ganz bestimmte, zweckgebundene Gelegenheiten oder für speziell dafür vorgesehene Emailadressen ein. So kann es durchaus Sinn machen, unter einer Emailadresse „katalog@ihredomain.com" automatisch eine ausführliche Produktinformation oder ein entsprechendes Attachment inklusive Bild zu verschicken. Ein entsprechender Link mit Erklärung lässt sich zum Beispiel auf der Internetseite platzieren. Lassen Sie Autoresponder mit entsprechenden Angeboten zum Beispiel auf Emails zu folgenden Adressen antworten: „katalog@ihredomain.de", „preisliste@ihredomain.de", „angebote@ihredomain.de", „geschäftsbedingungen@ihredomain.de", usw.. Dabei ergibt sich der Inhalt der Rückantworten schon aus dem Namen der Emailadresse.

Die Einsatzmöglichkeiten eines Autoresponders sind vielfältig. Wenn allerdings unter einer regulären Adresse ständig ein Autoresponder mitläuft, so wird sich Ihr Geschäftspartner spätestens dann gestört fühlen, wenn er mehrmals am Tag Ihre vorgefertigte Autoresponder-Antwort erhält. Deshalb hat ein Autoresponder in der täglichen Korrespondenz und unter normalen Anwesenheitsbedingungen nichts verloren.

Was Sie noch über Emails wissen sollten

Email ist eine schnelle Form der Kommunikation. Behandeln Sie diese bitte auch so und machen Sie keine Schneckenpost daraus, indem Sie Nachrichten tagelang unbeantwortet lassen. Ihr Geschäftspartner könnte sonst denken, dass es sich nicht lohnt, Sie über das Internet zu kontaktieren, weil Sie dieses Medium nicht ernst nehmen - oder noch schlimmer: weil Sie ihn nicht ernst nehmen. Besorgen Sie sich ein vernünftiges Emailprogramm. Es erleichtert Ihre Arbeit ungemein, wenn ein Email-Programm Adressen verwaltet, an Listen verschickt und mit vorformulierten Standardantworten reagieren kann. Sie sollten Ihre unterschiedliche Korrespondenz in verschiedene frei benennbare Mailboxen ablegen und in kurzer Zeit anhand von Stichwörtern wiederfinden können. Wenn dann noch ankommende Emails automatisch gefiltert werden, abbonierte Newsletter automatisch in der richtigen Mailbox und Spam ebenso automatisch im Papierkorb landet, dann haben Sie nicht nur gut gewählt, sondern behalten zudem auch noch den Überblick. Ihre Arbeit wird umso leichter, je leistungsfähiger Ihr Programm ist.

Die Kommunikation per Email ist schnell, die Mitteilung formlos und der Ton nicht selten rasch vertraulich. Im Nu – ganz besonders, wenn Sie in Englisch kommunizieren – sind Sie mit Ihrem Gesprächspartner beim „Du". Prüfen Sie deshalb besonders genau, was Sie über sich mitteilen, denn der lockere Umgangston erweckt allzu leicht trügerische Sicherheit. Dass persönliche Daten, Kreditkarten-Nummern und vertrauliche Mitteilungen nicht über das Internet verschickt werden sollten, dürfte sich inzwischen allgemein herumgesprochen haben. Denken Sie aber auch daran, dass der kurze, formlose, ja beinahe vertrauensvolle Stil, der an eine zwanglose Unterhaltung erinnert, auch dazu verleitet, etwas niederzuschreiben, was Sie bei intensiverem Nachdenken doch lieber für sich behalten oder zumindest anders formuliert hätten. Prüfen Sie Ihren Text genau, bevor Sie ihn wegschicken. Ein Email ist niedergeschrieben und kann jederzeit nachgelesen und gegen Sie verwendet werden.

Unnötig zu erwähnen, dass Sie stets höflich sein sollten - selbst dann, wenn es Ihnen manchmal schwerfällt. In einem Email haben Beschimpfungen oder gar Beleidigungen nichts verloren. Achten Sie aber auch darauf, was zwischen Ihren Zeilen steht. Bei nochmaligem Lesen könnten Sie Aussagen entdecken, die Sie eigentlich nicht oder nicht mit diesen Worten weitergeben wollten. Nun können Sie natürlich nicht jedes Email wieder und wieder prüfen, ob Sie es in der vorliegenden Form auch tatsächlich verschicken sollten. Meistens reicht es aber schon aus, wenn Sie eingehende Schreiben mit einer positiven inneren Einstellung und mit ein wenig Aufmerksamkeit beantworten und stimmungsgefärbte, aus Wut oder Ärger geschriebene Korrespondenz erst nach nochmaliger Kontrolle am nächsten Tag verschicken.

Laufen Sie nicht um die Wette mit sich selbst! Jedem, der schon einmal mit moderner Software und mit vorgefertigten Adressenlisten und Antwortschreiben im Eiltempo ein paar Dutzend Emails beantwortet hat, weiß, wie rasch Emails an falsche Empfänger gehen oder vertrauliche Adressen dem falschen Personenkreis offenbart werden können. Beantworten Sie Emails am selben Tag; aber niemand zwingt Sie, dies in der gleichen Onlinesitzung zu tun, in der Sie diese erhalten haben.

Bringen Sie sich in Erinnerung! Die mannigfaltigen Eindrücke, die Tag für Tag auf uns einstürmen, sorgen dafür, dass wir Aufgenommenes schnell wieder vergessen. Schreiben Sie nach einigen Wochen eine kurze Notiz an Ihre Kunden. Wiederholen Sie aber bitte nicht, was Sie bereits geschrieben haben, sondern verpacken Sie es in eine neue, für den Empfänger wichtige Nachricht - sei diese Information aus Ihrer Firma, Ihrer Branche oder aus dem Internet. Je weniger Ihr Email den Charakter einer wiedergekäuten Werbung hat, desto eher wird die Botschaft aufgenommen werden. Vielleicht erkundigen Sie sich einfach einmal nach dem persönlichen oder beruflichen Befinden Ihres Ansprechpartners. Saugen Sie sich aber keine Allgemeinplätze aus den Fingern, die allzu fadenscheinig nach Werbeträger aussehen. Fragen Sie doch einfach einmal nach, wie Sie Ihr eigenes Angebot verbessern können. Viele Menschen freuen sich, wenn sie Verbesserungsvorschläge machen dürfen, beweist dies doch, dass sie Ihnen nicht nur wichtig sind, sondern Sie die Empfänger auch für kompetent halten. Nebenbei lernen Sie dabei etwas über die Bedürfnisse Ihrer Kunden kennen, auf dass Ihr nächstes Schreiben noch persönlicher und damit umso wirksamer wird.

Geizen Sie nicht mit Tipps - ohne dabei belehrend zu wirken. Stellen Sie sich vor, Sie haben ein Unternehmen, das Maschinen verkauft. Wenn Sie Ihren Kunden Tipps geben, wie diese die nächste Reparatur vermeiden oder aufschieben können, wird sich dieses ganz sicher positiv auf Ihr Geschäft auswirken. Fragen Sie Ihre Kunden, ob diese mit Ihrem Angebot zufrieden waren und erkundigen Sie sich danach, ob es ihnen etwas ausmachen würde, Ihnen einen Belobigungsbrief zu schreiben. Waren die Kunden tatsächlich mit Ihrer Leistung zufrieden, dürfte dies kein Problem sein. Anderenfalls sollten Sie sich dafür interessieren, was bei Ihnen nicht geklappt hat, daraus lernen und die Fehler abstellen.

Behalten Sie aber auch wichtige und persönliche Daten Ihrer Kunden im Gedächtnis. Besser noch: legen Sie eine Datenbank an. Wenn Sie sich an einen wichtigen Anlass im Leben Ihres Kunden erinnern und ihn darauf ansprechen oder ihm dazu gratulieren, wird er dies honorieren. Dabei sind allerdings nicht nur Feste wie Weihnachten oder der persönliche Geburtstag gemeint, wo jedermann seine Glückwünsche los wird.

Viren

Lassen Sie mich noch ein Wort über Viren verlieren, über Programme, die sich zerstörerisch auf die Software und die Daten auf Ihrem Computer auswirken können und über die allenthalben und überall gesprochen wird. Zahlreiche Horrorgeschichten geistern durch das Internet und warnen vor weltweitem massivem Virenbefall. Wahrscheinlich haben auch Sie schon die eine oder andere Warnung vor Viren per Email erhalten oder wurden darauf hingewiesen, ein Email mit einem bestimmten Betreff erst gar nicht zu öffnen. Doch aufgepasst: Virenträger sind ausschließlich Programme, die etwas bewirken, bzw. eine Aktion auf Ihrem Computer durchführen können - nicht aber Bilder, Texte oder Daten. Da Emails aus Text und (falls jemand unsere obigen Ratschläge nicht gelesen und verstanden hat) aus Bilder bestehen, kann ein Email allein niemals einen Virus enthalten - völlig unabhängig, was Ihnen irgendwelche Spezialisten alles erzählen. Die eigentlichen Überträger und Übeltäter sind ausschließlich die Attachments. Sie können also getrost davon ausgehen, dass Sie sich Ihren Computer nicht durch das Öffnen von Emails infizieren können - solange Sie kein Attachment öffnen (zumindest nicht nach heutigem Stand der Dinge). Es ist auch kaum wahrscheinlich, dass irgendein Softwarehersteller in ein Emailprogramm eine Autostartfunktion einbauen wird, die Attachments automatisch startet, wenn ein Email geöffnet wird. Sollte eine solche Email-Software doch eines Tages auf den Markt kommen, empfiehlt es sich, einen weiten Bogen darum zu schlagen.

Natürlich können Sie nicht alle erhaltenen Attachments ignorieren. Sie würden sich selbst zu sehr einschränken, wenn Sie auf die Möglichkeit verzichten würden,

Informationen als Attachment zu erhalten. Deshalb merken Sie sich folgende Standardregel: Wenn Sie Bilder erhalten (leicht erkennbar an den Endungen jpg, gif, bmp, pcx und so weiter) oder Textdateien (nur mit den Endungen txt und rtf, da in diesen Formaten keine Makros gespeichert sind), können Sie diese Dateien unbedenklich öffnen. Bei Microsoft Office-Dokumenten wie zum Beispiel doc-Dateien sollten Sie etwas vorsichtiger sein, denn diese Dateien sind in der Lage beim Öffnen ein Makro auszuführen, das sich zerstörerisch auf die Programme und den Datenbestand Ihres Computers auswirken könnte. Bei den neueren Versionen von Microsoft Office gibt es die Möglichkeit, einen Virenschutz zu aktivieren, so dass Makros nicht automatisch beim Öffnen der Datei ausgeführt werden. Dann dürfen Sie solche Dokumente bedenkloser öffnen. Abgesehen davon gibt es genügend Editoren, die Word und andere Textdateien ebenfalls und ohne Makromaschine öffnen. Wenn Sie Ihre Verknüpfungen entsprechend konfigurieren, so dass ein solcher Editor Ihre Word-Dokumente - anstelle von Word - verwaltet, können Sie zum Öffnen sogar unbedenklich alle entsprechenden Links in Ihren Emails anklicken. Dass Sie dann eigene Word-Dokumente nur noch aus Word heraus aufrufen können, lässt sich dabei in Kauf nehmen, da Sie dazu Ihre Gewohnheiten nur ein wenig umstellen müssen, und Sie diesen Umstand nach einiger Zeit nicht einmal mehr bemerken werden.

Richtig gefährlich wird es und ohne Netz und doppelten Boden arbeiten Sie, wenn Sie auf Dateien mit folgenden Endungen stoßen: „exe", „com", „bat", „pif", „vbs" usw.. Erhalten Sie solche Dateien und dann noch von Unbekannten, so lassen Sie besser die Finger davon. Kennen Sie den Absender, so vergewissern Sie sich durch Rückfragen noch einmal über Sinn und Zweck eines Attachments; denn auch der Computer des Absenders könnte schon von dem Virus infiziert sein, ohne dass der Absender es weiß. Sie sollten sich grundsätzlich bemühen, gewünschte Informationen in einem harmlosen Format zu erhalten. Zum Beispiel ist es immer möglich von einer Faxdatei in einem selbstextrahierenden exe-Format eine Bilddatei zu erzeugen, die völlig harmlos ist und als TIF-Datei ebenfalls mehrere Seiten enthalten kann. Word-Dateien sind auch im Rich-Text-Format (rtf) formatiert und ohne Makro-Engine völlig unbedenklich.

Darüber hinaus sollten Sie alles entschärfen, was mit einem simplen Mausklick zu einer Zeitbombe für Ihr Computersystem werden könnte. Ich habe die Erfahrung gemacht, dass ein nervöser Zeigefinger um so schneller und unbedachter arbeitet je mehr gleichbleibende Aufgaben er zu bewältigen hat. Da ist ein Attachment schon einmal schneller angeklickt als der Kopf dies eigentlich vorhatte. Auf jeden Fall empfiehlt es sich, verdächtige Attachments sofort von der Festplatte zu löschen, indem Sie diese in den entsprechenden Unterverzeichnissen per Handarbeit killen - bevor sie mit einem halbautomatischen Emailprogramm im raschen Tempo Dutzende von Emails beantworten, bearbeiten oder ablegen. Es reicht also keineswegs aus, das entsprechende Email nur in den Papierkorb zu schieben.

Auf jeden Fall aber sollten Sie sich einen Virenscanner zulegen und mit diesem Ihre ankommenden Attachments kontrollieren. Eine solche Software bietet natürlich nicht immer eine hundertprozentige Sicherheit, erkennt aber die gängigsten Viren - vorausgesetzt es werden regelmäßig Daten-Updates durchgeführt. Alle bekannten Programme sind update-fähig und wählen sich oft sogar selbst in das Internet ein, um ihre Daten zu erneuern. Wer dagegen gedankenlos unbekannte Software ausprobiert, die ihm per Email geschickt wird oder aus Spaß einen dubiosen Bildschirmschoner installiert, weil ihm die reibungslose Arbeit an seinem Computer bisher zu langweilig erschien, der sollte sich über böse Überraschungen nicht wundern.

Die Internetseite

Ihre Internetseite ist Ihr Schaufenster

Fraglos ist es möglich, das Internet ohne eigene Web-Seiten als Werbemedium zu nutzen. Unzählige Gesprächsrunden und die preiswerte Form per Email Post zu verschicken geben jedem Nutzer ausreichend Gelegenheit dazu. Sich allerdings nur darauf zu beschränken hieße, die vollen Möglichkeiten des Internets zu ignorieren und nur äußerst begrenzt auszuschöpfen. So sollten Sie mit Ihrer Emailwerbung nicht eher starten, bevor nicht Ihre eigenen Seiten fertig und online sind. Abgesehen davon kostet es kaum noch etwas, auf dem Computer eines Providers ein paar Megabyte zu mieten. Deshalb rate ich Ihnen auf alle Fälle, diese preiswerte Möglichkeit nicht nur zu nutzen, sondern geradezu voll auszuschöpfen. Für so wenig Geld haben Sie zuvor nicht einmal Flugblätter gedruckt und verteilt oder einen Katalog erstellt - den Sie im Internet bei Bedarf sogar immer wieder anpassen und verändern können.

Für die Verteilung Ihrer Werbung brauchen Sie keine Post und keine Zusteller. Dies besorgt das Internet vollautomatisch - an sieben Tage in der Woche und rund um die Uhr. Wie gut dies funktioniert und wie hoch dabei die „Auflage" Ihrer Werbung ist – sprich: wie stark Ihre Seiten nachgefragt sind - bestimmen Sie selbst. Bei der Lösung dieses Problems soll Ihnen dieses Buch helfen..

Grundsätzlich gibt es vier Problemstellungen, die Sie bewältigen müssen und die über Ihren Erfolg im Internet bestimmen:

1. Ihre Seiten müssen gefunden werden.

Bei Millionen Seiten, die im Internet schlummern und darauf warten angeklickt zu werden, müssen Sie zunächst erst einmal dafür sorgen, dass Ihre Seiten zwischen denen Ihrer Mitbewerbern nicht nur auffallen, sondern zunächst erst einmal gefunden werden. Dabei stehen Sie zuerst einmal in Konkurrenz mit **allen** anderen Seiten im Internet. Denn die interessanteste Seite nützt niemandem, wenn sie irgendwo im Internet vergraben liegt und monatlich - mehr oder weniger zufällig - gerade einmal eine Handvoll Besucher anlockt.

Am Anfang werden neunzig Prozent aller Besucher über Suchmaschinen auf Ihre Seiten kommen. Dabei spielen Suchbegriffe eine entscheidende Rolle. In diesem Stadium treten Ihre Seiten nur noch in Konkurrenz mit Internetseiten, die sich mit den gleichen Suchbegriffen finden lassen wie die Ihren. Damit reduziert sich die Anzahl der in Frage kommenden Seiten auf „nur noch" einige tausend.

Immer noch zu viel! Denn solange Sie nicht bereit sind, jeden Monat hohe fünf- oder gar sechsstellige Dollarbeträge dafür auszugeben, dass Suchmaschinen Ihr Werbebanner in die Kopfleiste ihrer Seite stellen, wird Ihre Internetadresse nur eine unter Hunderten oder sogar Tausenden sein - abhängig davon, wie viele Anbieter sich mit einem ähnlichen Angebot wie dem Ihren bereits im Internet tummeln. Haben Sie außerdem ein paar geringfügige Fehler gemacht als Sie Ihre Seiten bei den Suchmaschinen angemeldet haben, oder einige Grundregeln nicht beachtet, so kann es durchaus passieren, dass Ihr - kostenloser - Eintrag in der entsprechenden Rubrik nicht einmal auftaucht. Dann warten Sie vergebens auf Besucher.

Nun könnten Sie vielleicht vermuten, dass dies schon das schlimmste ist, was Ihnen passieren kann. Falsch! Weist Ihre Besucherstatistik nämlich wenig oder gar keine Besucher auf, so können Sie immerhin noch herausfinden, woran dies liegt und das ändern. Was aber ist, wenn sich wegen eines falschen Eintrags in den Suchmaschinen, ungenauen Suchwörtern oder missverständlichen Beschreibungen immer wieder das völlig falsche Publikum auf Ihre Seiten verirrt und damit zwar Ihre Statistik nach oben treibt, sich dies aber in keiner Weise positiv auf Ihr Geschäft auswirkt? Dann bemerken Sie Ihre Fehler nicht einmal, ändern folglich nichts und verfluchen nur still und heimlich das "nutzlose" Internet.

Ich werde nachfolgend versuchen, Ihnen zu zeigen, wie Sie die richtigen Besucher bekommen und was Ihnen außer den Suchmaschinen dabei hilft.

2. Ihre Seiten müssen gelesen werden und dabei Interesse wecken.

Was gibt es wohl bei den anderen, ist es dort besser oder interessanter oder versäume ich unter Umständen etwas, wenn ich mich nicht gleich dorthin bewege? Das sind die gängigen Fragen, die jeden Internetsurfer unablässig beschäftigen – auch oder gerade gleich nachdem er Ihre Seiten erreicht hat, die Sie mit viel Sorgfalt und hoher Erwartungshaltung aufwendig gestaltet haben. Den Surfer kümmert Ihr Aufwand wenig.

Wahrscheinlich hat er Ihr Angebot über eine Suchmaschine gefunden - inmitten einer Liste von Hunderten anderer Seiten, die ihm zu dem gleichen Thema ebenfalls viel versprechen. Es wird ihn Tage kosten, alle Treffer der Suchmaschine auch nur oberflächlich zu verfolgen und auszuwerten. So wird er sich ganz schnell entscheiden, ob er auf Ihrer Seite ein wenig länger verweilen und Ihr Angebot studieren oder mit einem Mausklick sofort wieder auf Nimmerwiedersehen in den unendlichen Tiefen des Internets verschwinden wird. Statistiker wollen ermittelt haben, dass der normale Internetsurfer im Schnitt nur 15 Sekunden auf einer Seite verweilt, bevor er wieder woandershin verschwindet. Sie haben also nur 15 Sekunden, Ihren Gast davon zu überzeugen, dass er bei Ihnen am Ziel seiner Wünsche angelangt ist.

Doch ganz egal wie geschickt Sie es auch anstellen, ein Besucher wird nur einige wenige Ihrer Seiten auswählen, um diese zu lesen - gleichgültig wie viel Information Sie auch ins Internet gestellt haben. Dass er die passenden Seiten auf Anhieb findet, und diese ihn fesseln, dafür sind Sie verantwortlich.

3. Ihr Ziel heißt Kontaktaufnahme.

Jeder einzelne Besucher ist wünschenswert und trägt dazu bei, den Verkehr auf Ihren Web-Seiten zu erhöhen. Vielleicht hilft er Ihnen auch, Ihre Popularität im Internet zu steigern, indem er Sie (hoffentlich) weiterempfiehlt. Wichtig für Sie ist aber nicht nur die reine Anzahl der Besucher, sondern vor allem deren Qualität. Es nützt Ihnen also wenig, wenn ausschließlich Leute bei Ihnen ein und ausgehen, die nicht zu Ihrer Zielgruppe gehören, sich für Ihr Angebot nur mäßig interessieren und die sich nie bei Ihnen melden werden. Ihre Seiten haben ihre Aufgabe erst dann zufriedenstellend erledigt, wenn Besucher von Ihnen mehr über Ihr Angebot erfahren möchten und Sie zumindest um weiterführendes Material bitten.

Nun sollte man meinen, dies zu erreichen sei weiter kein Problem, denn immerhin reicht ein Klick auf Ihre Emailadresse um eine kostenlose Nachricht an Sie auf den Weg zu bringen (zumindest sollte dies so funktionieren). Wenn Sie soweit alles richtig gemacht haben, könnte dabei auch schon ein Betreff in der Subjektleiste stehen, so dass ein Absender sich auch diesen Eintrag noch sparen kann und Sie gleichzeitig informiert sind, von welcher Ihrer Seiten diese Botschaft an Sie geschickt worden ist. Doch unterschätzen Sie nicht die Scheu vieler Besucher, Ihnen ihre Adresse zu offenbaren. Es gibt nicht wenige unter Ihren Gästen, die sich mittlerweile vor unerwünschter Werbung nicht mehr retten können, so dass diese auf weitere Emails gern verzichten. Andere wiederum wollen erst herausfinden, welche Firma das günstigste Angebot hat, ehe sie sich zu einer Anfrage entschließen. Es gibt für Sie also einiges zu tun, einen passiven Besucher zu einem aktiven Interessenten umzuwandeln.

Ich hoffe, dass es ihren potentiellen Kunden leichter fallen wird, Ihre Emailadresse anzuklicken, nachdem Sie alle Ratschläge in diesem Buch umgesetzt haben. Darunter fällt dann auch, dass auf jeder Ihrer Seiten nicht nur Ihre Emailadresse, sondern auch ausführlich Ihre anderen Kontaktangaben stehen.

4. Nicht mehr loslassen

Dass Sie jeden Interessenten, der bei Ihnen einmal angefragt hat, weiter mit Angeboten versorgen, setzte ich als selbstverständlich voraus.

Wenn Sie darüber hinaus aber möchten, dass auch ein anonymer Besucher wieder den Weg zurück zu Ihren Seiten findet und diese womöglich auch noch weiterempfiehlt, müssen Sie ihm schon etwas mehr bieten. Und alles, was Sie Ihren Besuchern bieten, sollte natürlich kostenlos sein, denn das Internet ist der Platz der kostenlosen Angebote. Wer im Internet unterwegs ist, erwartet von diesem Medium einfach ein gratis Schnäppchen – sei dies eine Software zum Herunterladen, eine kostenlose Information oder eine Auskunft.

Doch was sich zunächst anhört wie ein auf Dauer ruinöser Wettbewerb stellt sich bei näherem Betrachten als eine nicht allzu schwierige und dabei ziemlich preiswert zu lösende Aufgabe heraus. In dem Kapitel "Ihre eigenen Werbeträger" werden Sie sehen, wie Sie ohne Mühe eine ganze Auswahl von kostenlosen Serviceleistungen anbieten können, die Ihnen helfen ohne etwas zu kosten.

Nutzen Sie aber auch die Möglichkeiten des Internets, um Ihre Kunden zu betreuen. Ein paar Tipps dazu finden Sie am Ende dieses Buches.

Der Anfang oder welchen Provider nehme ich.

Es ist müßig, darüber zu streiten, womit Sie anfangen sollten: mit der Gestaltung Ihrer Seiten oder mit der Auswahl der Rahmenbedingungen. Ohne Internetseiten brauchen Sie keinen Provider und ohne den geeigneten Provider können Sie Ihre Seiten nicht veröffentlichen. Lassen Sie uns also hier am Anfang ein Wort über Ihren Provider verlieren, so dass wir dieses Thema abgehakt haben und uns ganz auf Ihre Präsentation konzentrieren können.

Das wichtigste an einem Provider ist, dass dessen Server auch tatsächlich immer erreichbar ist. Ihr Angebot ist auf einem Computer fehlplatziert, der stundenweise nicht funktioniert oder immer wieder ausfällt, weil er gewartet werden muss. Es ist nämlich nicht nur nachteilig, wenn mögliche Interessenten feststellen müssen, dass Ihre Seiten nicht erreichbar sind, sondern es schadet auch dem Ruf Ihrer Firma. Dass eine einmal erfolglose Suche nach Ihrem Internetauftritt vielleicht am Folgetag fortgesetzt wird, können Sie dabei getrost vergessen, denn womöglich vermutet der Interessent schon längst, sie seien bereits wieder aus dem Internet verschwunden - wie es im Internet nicht gerade selten vorkommt.

Darüber hinaus sollte es Sie interessieren, dass der Computer Ihres Providers über ausreichend Kapazitäten verfügt und an schnelle Leitungen angeschlossen ist. Sicherlich wissen Sie aus eigener Erfahrung, wie leicht ungeduldig wartende Surfer auf besser erreichbare Seiten ausweichen, wenn sie zu lange auf die ursprünglich auserwählte Seite warten mussten. Es macht also durchaus Sinn, das Angebot des gewünschten Providers zu prüfen und ab und zu die Leistung seines Servers zu testen. Geben Sie in die Dos-Box Ihres Windows-Systems folgenden Befehl ein: „tracert ihredomain.com" (wobei „ihredomain.com" mit Ihrem Domainnamen besetzt sein sollte). Nach einem Klick auf die Eingabetaste sehen Sie dann nicht nur den Weg, den Ihre Anfrage zurücklegt, sondern auch die Geschwindigkeit, in der sie dies tut und wo es auf diesem Weg länger dauert oder die Verbindung sogar aussetzt.

Dieser Test nützt Ihnen allerdings wenig, wenn sich Ihr Provider an dem Ort befindet, an dem Sie sich eingewählt haben - womöglich noch der gleiche Provider ist, bei dem Sie eingewählt sind. Fraglos sind Sie mit dem Computer in ihrer Nähe in Null Komma nichts verbunden und mit den Dateien auf dem gleichen Rechner annähernd in einer Geschwindigkeit als bewegten Sie sich auf Ihrer eigenen Festplatte. Doch wie ergeht es Surfern aus USA oder Japan mit Ihren Seiten auf dem Rechner Ihres Einwahlproviders?

Ferner sollte Ihr Provider alle Dienste zur Verfügung stellen, über die wir später in diesem Buch sprechen werden. Darunter fallen Mailinglisten genauso wie Webboards, uneingeschränkter Zugang zu Newsgroups und aussagekräftige Statistiken, die Ihnen helfen, den Datenstrom auf Ihrer Domain zu kontrollieren.

Wir haben mit unseren Internetangeboten immer Menschen in der ganzen Welt angesprochen und dabei herausgefunden, dass unsere Seiten in den USA am besten aufgehoben waren. Hier gab es die schnellsten Datenleitungen, so dass ein rascher Anschluss aus allen Teilen der Welt gewährleistet war. Natürlich macht es keinen Sinn, sich einen Provider im Ausland zu suchen, wenn die überwiegende Anzahl Ihrer Kunden in Deutschland sitzt. Außerdem gehe ich davon aus, dass heutzutage das Angebot deutscher Provider denen in den USA ebenbürtig sind.

1. Das kostenlose Angebot

Im Internet gibt es zahlreiche Anbieter, auf deren Server Sie einige Seiten kostenlos abstellen dürfen. Allerdings rate ich Ihnen von dieser Möglichkeit nachdrücklich ab. Ein Kunde, der keine Pflichten hat (in diesem Fall die Zahlungspflicht) hat meistens auch keine Rechte und kann schon morgen - meistens ausgerechnet dann, wenn seine Adresse im Internet schon einigermaßen bekannt geworden ist - vor verschlossenen Türen stehen, weil ein Anbieter seinen kostenlosen Service eingeschränkt oder womöglich ganz eingestellt hat. Damit ist dann Ihre ganze vorangegangene Werbung umsonst gewesen.

Da solche Server außerdem bei Privatleuten sehr beliebt sind und ausgiebig davon Gebrauch gemacht wird, ist der Verkehr von und zu solchen Rechnern sehr groß, so dass die Zugriffszeit auf Ihre Seiten darunter erheblich leiden würde. Wir werden noch öfter über das Thema Geschwindigkeit reden.

Warum wird kostenloser Platz im Internet überhaupt angeboten? Was für den einen ein kostenloses Angebot ist, ist für den andern eine kostenpflichtige Leistung. In diesem Fall bezahlt derjenige, der seine Werbebanner einem breiten Publikum präsentieren will. Das "breite Publikum" sind die Seiteninhaber, die das kostenlose Angebot eines solchen Providers nutzen und alle ihre Besucher. Somit blinken auf solchen Seiten aufdringliche Werbebanner von Firmen, die mit dem eigentlichen Angebot des Seitenbetreibers nicht das Geringste zu tun haben. Diese Banner werten die betroffenen Internetseiten nicht nur optisch ab, sondern versuchen auch aggressiv und mit allen Mitteln, mühsam erworbene Besucher woanders hin zu locken.

Grundsätzlich bin ich der Meinung, dass fremde Werbung auf Ihren Hauptseiten unter keinen Umständen etwas zu suchen hat - nicht einmal, wenn Sie vermuten, sie könnte Ihrer Reputation dienlich sein. Denn in fast allen Fällen schadet eine solche Werbung nur Ihrem Renommee, und sogar der seriöseste Werbungtreibende signalisiert dadurch nur allzu deutlich, dass er ein billiges - oder noch schlimmer: kostenloses - Internetangebot nutzt. Ihre Kunden könnten sogar vermuten, Ihnen fehle das Geld für einen professionellen Auftritt oder Sie verfügen über kein Qualitätsbewusstsein, und dieser Mangel könne sich womöglich auf Ihre Arbeit niederschlagen.

Deshalb Hände weg von kostenlosen Angeboten! Es gibt im Internet durchaus genügend kostenlose Möglichkeiten, die Sie nutzen können, sodass Sie bei der Auswahl Ihres Providers getrost dem Leitsatz vertrauen dürfen: dass nichts taugt, was nichts kostet.

2. Das Hausangebot.

Seit einiger Zeit bekommt man von dem Provider, der den Internetzugang ermöglicht auch noch ein paar MByte Speicherplatz mit auf den Weg, den man für seine Internetseiten nutzen kann. Im Prinzip ist gegen dieses Angebot nichts einzuwenden. Trotzdem raten wir aus verschiedenen Gründen davon ab, wenn Sie einen längerfristigen und professionellen Auftritt im Internet planen.

Denken Sie stets daran, dass Ihre Ansprüche mit der Zeit zwangsläufig wachsen werden. Es wäre einfach nur schade, wenn Sie am Ende einer monatelangen Werbung feststellen müssten, dass Ihre Internetadresse nicht mehr gilt, weil Sie gezwungen waren, zu einem besseren Provider zu wechseln. Einen Link zu Ihren neuen Seiten zu legen ist dann nur eine halbe Lösung, denn es ist allemal besser, Ihre Kunden landen direkt auf Ihren Seiten und werden nicht erst noch langwierig umgeleitet. Überhaupt ist es bei den leidigen Wartezeiten im Internet nicht ganz unklug, dem Kunden keine zeitraubenden Umleitungen zuzumuten.

Aber auch wenn Sie - wie wir es empfehlen - mit einem eigenen Domainnamen auftreten ist jeder Providerwechsel ein Aufwand, den zu vermeiden Sie mit der richtigen Auswahl von Anfang an einplanen sollten.

3. Welchen Provider nehme ich nun?

Welchen Provider Sie letztendlich wählen, ob dieser sich in Deutschland befindet oder im Ausland ansässig ist, hängt von vielen Dingen ab und ist allein eine Entscheidung, die Sie in Abwägung des jeweiligen Angebotes und des Preises treffen werden. Auch das Land, in dem sich Ihr Provider befindet, wird bei Ihrer Entscheidung eine Rolle spielen müssen. Sicherlich werden Sie keinen Provider im Ausland wählen, wenn Sie sich der englischen Sprache nicht gewachsen fühlen oder Ihre Kundschaft überwiegend in Deutschland sitzt. Sie werden auch keine komplizierte Software voraussetzen, wenn Sie diese nicht nutzen wollen oder können. Und obwohl Sie großzügig mit dem von Ihnen benötigten Platz rechnen sollten, denn Ihr Angebot im Internet wird zwangsläufig immer umfangreicher werden, brauchen Sie für zehn oder zwanzig Seiten nicht gleich 50 oder gar 100 Megabyte zu mieten. Anders dagegen, wenn Sie große Dateien anbieten, die der Kunde von Ihrem Server herunterladen soll oder Sie sogar mit sogenannten streaming Videos arbeiten.

Egal wofür Sie sich entscheiden, Ihr Provider sollte alle Einrichtungen anbieten können, die wir in diesem Buch besprechen. (Bulletin-Board, Mailingliste, Newsletter etc.). Ein guter Provider sollte Ihnen aber auch die Möglichkeit einräumen, nicht nur sogenannte Email Aliase, sondern auch mehrere vollwertige Emailkonten einzurichten. Während ein Alias ein beliebiges Pseudonym Ihrer Adresse ist und alle Emails ausschließlich bei einer einzigen Adresse landen, ermöglichen vollwertige Emailkonten eine getrennte Verwaltung. Bei einem vollwertigen Emailkonto vergeben Sie nämlich nicht nur Namen, sondern auch eine eigene ID und ein neues Passwort, so dass ein solches Konto unabhängig beschickt und abgefragt werden kann. Dies kann für Sie unter Umständen dann wichtig werden, wenn Sie Ihren Mitarbeitern getrennte Adressen zuweisen wollen, die getrennt voneinander funktionieren. Darüber hinaus können Sie jedem Emailkonto einen eigenen Autoresponder zuordnen, der jedes eingehende Email mit einem Standardtext beantwortet.

Es müsste auch eine Zugriffsmöglichkeit auf den Server Ihres Providers mittels FTP bestehen. Dies ist ein Internet Protokoll bei dem Sie Ihren Rechner mit dem des Providers verbinden und mit einfacher Software (meistens Freeware) Dateien hin und her kopieren können, so als befände sich das Verzeichnis Ihres Servers auf Ihrem eigenen Computer. Damit können Sie Ihr Webangebot übersichtlicher verwalten. Darüber hinaus besteht für Kunden und Geschäftsfreunde später die Möglichkeit, in einem eigens dafür eingerichteten und durch Passwort geschützten Verzeichnis Dateien von dem Server herunterzuladen oder aufzuspielen - eine praktische Möglichkeit, Daten auszutauschen oder aber einen individuellen Service anzubieten.

Dass Sie über das WWW eine Kontrollseite aufrufen können, auf der Sie Einstellungen an Ihrem Internetauftritt vornehmen und Dateien laden können, ist heutzutage eine Selbstverständlichkeit. Achten Sie aber auch darauf, dass Ihnen auch eine Statistik angeboten wird, die Ihnen den notwendigen Überblick verschafft, wie sich der Verkehr auf Ihren Seiten entwickelt, und es Ihnen ermöglicht zu sehen, wann sich Besucher wo, wie lange und wie oft aufgehalten haben. Dies verhilft Ihnen zu nützlichen Erkenntnissen, welche Ihrer Seiten angenommen werden, wo Sie Verbesserungen vornehmen oder Ihre Werbung platzieren müssen oder was Sie vielleicht besser vom Netz nehmen sollten. Wenn Sie mit Hunderten oder tausend Besucher pro Tag glänzen können, hilft Ihnen eine solche Statistik darüber hinaus, mit Ihrem Erfolg zu werben.

Lassen Sie mich an dieser Stelle ein wenig vorgreifen, um Sie davor zu warnen, irgendwelche Zähler auf Ihre Web-Seiten zu platzieren, die Auskunft über die Anzahl Ihrer Besucher geben sollen. Solange Sie nicht mit mindestens 10.000 Besucher pro Woche protzen können, kann dieser Schuss nämlich leicht nach hinten losgehen. Im Internet finden sich nicht wenige Seiten, die kümmerlich nur einige 100 Besucher ausweisen. Wenn dann vor diesem Zähler auch noch ein Datum steht, seit wann dieser Zähler schon arbeitet, und dieses Datum mehrere Monate oder sogar einige Jahre alt ist, hätten Sie damit eigentlich nur bewiesen, dass Ihre Seiten im Internet ein Schattendasein fristen. Lassen Sie den Zähler aber auch dann weg, wenn er schon mit hohen Nummern zu zählen beginnt. Er beeindruckt nämlich niemanden. Stattdessen kann aber ein Zähler unter Umständen den Download Ihrer Seiten erheblich verzögern oder gar behindern, wenn sich das Script dazu nämlich auf einem anderen, schwer erreichbaren oder schwer beschäftigten Server befindet. Dann kann es passieren, dass ein Zähler den Aufbau einer Seite sogar völlig lahm legt, weil die Software ewig auf den Zähler wartet.

Heutzutage bieten beinahe alle Provider das breite Spektrum dessen an, was im Internet möglich ist, und es ist nur eine Frage des Preises, welches Angebotsschema Sie letztendlich mieten. Abgesehen davon sollte es auch kein Problem sein, zu einem späteren Zeitpunkt bei Bedarf jederzeit in die nächsthöhere Kategorie zu wechseln. Es spielt auch keine Rolle mehr, ob Ihr Provider in den USA, in Australien oder in Deutschland sitzt. Als ich Anfang der neunziger Jahre das Internet entdeckt habe, war es noch notwendig, sich für einen umfangreichen Service einen Provider in den USA zu suchen. Mittlerweile hat Deutschland aufgeschlossen und Sie finden hier durchaus die gleichen Leistungen wie anderswo auf der Welt. Wenn Sie dieses Buch gelesen haben, werden Sie in etwa wissen, auf welches Angebot Sie bei Ihrem zukünftigen Provider achten und auf was Sie Wert legen müssen. Mittlerweile sollten Sie auch in Deutschland für einen guten Provider, der Ihnen alle Möglichkeiten eröffnet und Ihnen einen Speicherplatz von mindestens einer zweistelligen MB Zahl einräumt, nicht mehr als 50 Mark im Monat bezahlen. Ein geringerer Platzbedarf von einigen MByte sollte Ihnen schon für 20 Mark zur Verfügung stehen.

Die unvergängliche eigene Adresse

Nach meinen Erfahrungen führt für Sie kein Weg an der eigenen Domain - wie eine feste Adressenbezeichnung im Internet genannt wird - vorbei. Früher oder später macht es sich bezahlt, sich eine eigene Internetadresse zuzulegen. Am besten warten Sie nicht, sondern melden gleich zu Beginn Ihren Domainnamen an, denn nach der Anmeldung gehört eine solche Adresse Ihnen, ist unwiederbringlich mit Ihrer Firma verbunden und trägt nicht unerheblich dazu bei, einen ordentlichen, professionellen Eindruck bei Ihren Kunden zu hinterlassen. Ziemlich unprofessionell erscheint dagegen eine Adresse mit dem Zusatz „member.aol.com". Und Anfänger im Internet werden leicht dadurch identifiziert, dass sie den Rattenschwanz „t-online.de" in ihrer Adresse mit sich herum schleppen.

Sie sollten daran denken, dass der Eintrag einer eigenen Domain zur Zeit, da ich dieses Buch schreibe in den USA gerade einmal 40 Dollar pro Jahr kostet - ungerechnet nicht einmal zehn Mark im Monat.

Nun ist es jedem selbst überlassen, zu entscheiden, ob er seine Domain in Deutschland mit der Endung „de" anmeldet und dadurch signalisiert, dass sein Unternehmen in Deutschland beheimatet ist, oder ob er sich für die USA und die Endung „.com" (für Company) entscheidet. Ich neige dazu, jeder Firma „com" anzuraten, wenn diese international auftritt und nicht mit „de" die deutsche Wertarbeit in den Vordergrund ihres Angebots stellen will. Allen national agierenden Anbietern sei dagegen „de" wärmstens empfohlen; wobei bedenkenlos auf „com" ausgewichen werden kann, wenn der entsprechende Wunschname in Deutschland nicht mehr verfügbar ist.

Während Sie in Deutschland Ihre Domain mit der Endung „de" nur dann anmelden können, wenn Ihr Unternehmen auch tatsächlich über eine deutsche Postadresse verfügt, steht Internic in USA (Anmeldung bei „Network Solution" unter der Internetadresse: http://www.networksolutions.com") jedermann zur Verfügung. Dort erhalten Sie auch die Endung „net", die ich jedem ans Herz lege, der im weitesten Sinne eine Internetleistung oder einen ähnlichen Service anbietet.

Seit einiger Zeit vermarkten auch einige kleinere Länder Ihre Domain-Adressen, so dass Sie manchen Namen, der in Deutschland oder USA bereits vergeben ist, ohne weiteres mit dem Kürzel eines anderen Landes eintragen lassen können. Dabei sind einige exotische Endungen durchaus begehrt und werden sogar um ihrer selbst willen gewählt.

PeterMüller.de ist eine feine Adresse, die den Namen des Inhabers augenfällig offenbart. Im geschäftlichen Internet hat eine solche Adresse allerdings nichts verloren. Kein Mensch wird Ihren Brancheneintrag in irgend einer Suchmaschine unter Ihrem persönlichen Namen suchen. Trotzdem ist es immer wieder erstaunlich, wie viele Privatnamen von Geschäftsinhabern als URL herhalten müssen. Wahrscheinlich liegt diese Unsitte an der deutschen Gesetzgebung, die GmbHs noch immer vorschreibt, entweder den Privatnamen oder die genaue Dienstleistung im Firmennamen zu verwenden. Vergessen Sie das! Das Internet macht Ihnen da Gott sei Dank keine Vorschriften.

Aber auch Ihren Firmenname sollten Sie nicht unbedingt als Domain eintragen lassen, wenn dieser nicht einen deutlichen Hinweis auf Ihre Branche liefert. Ausnahmen sind nur dann gestattet, wenn der Firmenname zu einem festen und weltweit bekannten Begriff geworden ist. So wird niemand lange rätseln, was er unter der Adresse von Sony, BASF oder Microsoft finden wird. Dagegen sollte Ihre Adresse deutlich aussagen, was Sie anzubieten haben. Und da der erste Grundsatz des Internets lautet: Ihre Seiten müssen unter denen vieler Millionen Anbieter gefunden werden gehört nicht viel dazu, sich vorzustellen, dass das Elektrogeschäft eines Peter Müllers leichter unter „elektro-reparatur-service.de" gefunden wird als unter „PeterMüllersLaden.de". Welche Bezeichnung darüber hinaus einen kompetenteren Eindruck vermittelt, brauche ich wohl nicht zu erwähnen. Aber auch „fonds-capital-service.com" ist beeindruckender und wird weitaus leichter gefunden als „berater-meyer.de"

Welche Rolle die Namensgebung im Zusammenhang mit den Suchmaschinen spielt, werden Sie bald erkennen.

Denken Sie aber auch daran, dass Ihre Domain von nun an ein fester Bestandteil Ihrer Firma darstellt - nicht unähnlich eines Markenzeichens. Egal wohin Sie im Internet gehen, egal zu welchem Provider am Ende dieser Welt Sie wechseln, Sie nehmen Ihre Domain mit und Ihre Kunden werden einen solchen Wechsel nicht einmal bemerken.

Nachdem Sie es zu einer eigenen Adresse gebracht haben und den richtigen Provider gefunden haben, sollte Ihnen nun eine endlose Anzahl von Emailadressen (Aliase) zur Verfügung stehen, die auf Ihren Domainnamen enden. Alles was vor „@ihrName.com" geschrieben steht, sollte irgendwie am Ende in Ihrer Firmen-Mailbox landen - egal ob ein Email an „1@ihrName.com", an „otto@ihrName.com" oder an „service@ihrName.com" geschickt worden ist. Sie merken schon, welche Möglichkeiten sich dadurch eröffnen. Denn wie anders stellt sich Ihre Firma dar, wenn Sie Ihre Emailadresse mit „Info", „Service", „Buchhaltung" oder meinetwegen auch mit „Ersatzteillager" ergänzen. Das macht Eindruck und hat Gewicht - und kostet nichts. Das geht auch international mit „info", service", „accountant" oder „warehouse". Am Ende landen alle Emails doch nur dort, wohin Sie diese dirigieren - auch dann, wenn am Ende aller Wege nur ein einfacher „PeterMüller@t-online.de" steht - der Kunde wird von all dem nichts mitbekommen. So können Sie sich Ihre Post rund um die Welt zu Ihrer unbekannten persönlichen Emailadresse schicken lassen.

Ihre eigene Seite

Allgemeines zur Werbung im Internet und einige Grundsätze

Fraglos haben Sie dieses Buch gekauft, um zu erfahren, wie Sie Ihre Produkte oder Ihre Dienstleistung über das Internet verkaufen können. Gestalten Sie Ihren Internetauftritt entsprechend. Ihre Seiten sind kein Tagebuch und auch kein privates Fotoalbum. Sie sollten daraus auch kein Kompendium Ihrer Firmengeschichte machen. Wer will all das wissen und wer soll das lesen – vielleicht sogar im Wettlauf mit dem Gebührenzähler des Telefons?!

Die traurige Wahrheit ist, dass sich kein Mensch dafür interessiert, wer Sie sind und wie lange Sie etwas können und wie oft Sie damit schon erfolgreich waren. Das einzige was einen Internetsurfer wirklich interessiert, sind kostenlose Informationen, die ihm irgendwie weiterhelfen. Nur im günstigsten Fall wird dies Ihr Angebot sein – und dann auch nur im Wettstreit mit zahlreichen anderen Angeboten ähnlicher Natur.

Zunächst müssen Sie sich darüber klar werden, wen Sie ansprechen wollen und aus welchem Personenkreis Ihre Zielgruppe besteht. Stellen Sie sich bildlich vor, wen genau Sie wie auf Ihren Seiten informieren wollen. Was werden Ihre zukünftigen Besucher in die Suchmaschinen eingegeben, um auf Ihre Seiten zu gelangen? Ist es wirklich das, was Sie anbieten? Können Sie die hohe Erwartungshaltung Ihrer Besucher befriedigen? Oder animieren Sie vielleicht gerade die falschen Leute, Ihre Seiten zu besuchen, so dass Sie zwar viel Verkehr auf Ihren Seiten haben, aber keine Bestellungen erhalten? Schaffen es die Surfer nur zu Ihrer Hauptseite, um diese dann schnell wieder zu verlassen, ohne sich für Ihre anderen Seiten zu interessieren? Antworten auf diese Fragen finden Sie auf Ihren Statistiken, über die wir noch sprechen werden. Zunächst aber soll uns nur interessieren, wie Sie Ihren Internetauftritt gestalten sollten.

Fraglos gehört ins Internet Ihr Produktangebot. Ziehen Sie Ihre Werbung im Internet aber so auf, wie es Ihre Werbung außerhalb des Internets schon längst sein sollte: als schmackhafte Erläuterung, wie Ihr Produkt Ihren Kunden – wie und bei was auch immer – helfen kann! Sprechen Sie also nicht in einem fort über die Qualität Ihrer Produkte oder Ihrer Dienstleistungen, sondern darüber, was Ihr Produkt oder Ihre Dienstleistung für Ihre Kunden tun kann. Dies dürfte nicht allzu schwierig heraus zu finden sein, denn wenn Ihr Produkt nicht für eine bestimmte Gruppe Menschen von Nutzen wäre, gäbe es für das Produkt keinen Markt und Sie hätten Ihr Geschäft schon längst aufgeben müssen.

Hier zwei Beispiele, um Ihnen zu veranschaulichen, was ich mit „Nutzen" meine: Sie vertreiben Rasenmäher, die robust und einfach zu handhaben sind und darüber hinaus noch schnell arbeiten. Das sind die Eigenschaften des Produkts. Sie aber verkaufen nicht die Eigenschaften des Produktes, sondern stattdessen: längere Lebensdauer, leichtere Arbeit und mehr Freizeit für den Benutzer.

Ein anderes Beispiel: Sie betreiben ein Büro für Anlageberatung und bieten schon seit vielen Jahren einen ehrlichen und unabhängigen Service an. Ihre Erfahrungen und Unabhängigkeit bedeutet für den Kunden: bessere Beratung und mehr Sicherheit, vor allem aber eine größere Produktauswahl, da Sie selbst nicht an ein bestimmtes Unternehmen gebunden sind, dessen Leistungen Sie um jeden Preis verkaufen müssen.

Schauen Sie sich bei den Großen ab, wie diese ihre Produkte verkaufen: Ein Autohersteller wirbt weniger mit technischen Details, sondern überzeugt den Kunden mit Sicherheit im Straßenverkehr, Prestige für den Besitzer, luxuriöses Ambiente, ein besseres Lebensgefühl und mehr. Noch deutlicher wird es bei der Kosmetikindustrie, da eröffnen sich ganz neue verzauberte Welten, wenn die Kundin ein bestimmtes Produkt verwendet oder sich mit einem bestimmten Parfüm einsprüht. Lernen Sie davon! Mehr als die Eigenschaften eines Produkts zählen die tatsächlichen oder vermeintlichen Wirkungen, die das Produkt für den Benutzer haben soll.

Um die Vorteile aufzeigen zu können, die Ihr Angebot den Kunden bringen soll, müssen Sie deren Bedürfnisse kennen und wissen, was diese sich von Ihrem Produkt versprechen. Danach machen Sie sich Gedanken darüber, was potentiellen Kunden von Ihren Internetseiten erwarten könnten. Dann sollten Sie der Antwort auf die wichtigste Frage, die Sie sich in diesem Zusammenhang stellen sollten, schon ziemlich nahe gekommen sein: **was ist Menschen so wichtig, dass diese nach bestimmten Schlagworten im Internet suchen; und wie werden meine Seiten dem gerecht?** Haben Sie die Motive hinter der Aktion Ihrer Besucher erst einmal erkannt, können Sie auch diese Frage richtig beantworten und sich darauf konzentrieren, wie Sie zum Wohlbefinden Ihrer Kunden oder zur Lösung derer Probleme beitragen können. Seien Sie dabei konkret und kommen Sie rasch auf den Punkt. Machen Sie auf den ersten Blick einen überzeugenden und interessanten Eindruck, es ist sehr wahrscheinlich, dass Sie bei dem selben Besucher nie wieder eine zweite Chance erhalten werden.

Schon aus diesem Grund fordert das Internet mehr Disziplin von Ihnen als sonst irgend eine Werbung. Denn das Internet ist kein Medium, das dazu geeignet wäre, die Menschen fortwährend mit Werbebalsam zu berieseln – in der Hoffnung, dass der stete Tropfen den Stein (Kunden) aushöhlt. Denn im Internet wirkt Werbung nur unter Mithilfe des Kunden. Merken Sie sich: ohne die Suche des Betrachters geht im Internet nichts. Er ist es, der aktiv werden, Ihre Seiten anklicken und so lange darauf verweilen muss bis Sie ihm Ihre Werbbotschaft vermittelt haben. Danach sollte er von Ihrem Angebot und Ihrer Leistung wenigstens insoweit überzeugt sein, dass er - wiederum als aktiver Teil - den Kontakt zu Ihnen aufnimmt.

Das wissen Sie alles schon? Gut! Das Problem ist nur, dass jeder Bescheid zu wissen scheint und dann doch wieder nur endlos über sich, seine Firma und die Qualität seiner Produkte und Leistungen schwadroniert. In dieser Hinsicht ähnelt das Internet dem realen Leben: jeder redet über sich und niemand hört zu! Wenn Sie Erfolg haben wollen, machen Sie es anders. Hören Sie sich im Geiste die Probleme Ihrer Kunden an und antworten Sie mit Lösungen – aus der Sicht des Kunden. Dann sind Sie schon ein gehöriges Stück weiter als die meisten Ihrer Mitbewerber. Dies sollte Ihr erster und oberster Grundsatz werden und Sie dürfen nicht müde werden, ihn immer wieder zu wiederholen, bis er eine Doktrin Ihres Denkens geworden ist.

Werden Sie sich klar darüber, dass Menschen Ihre Webseiten nur deshalb aufsuchen, um dort eine - möglichst kostenlose - Lösung ihrer Probleme oder Antwort auf ihre Fragen zu finden und auf keinen Fall, weil es sie interessiert, wie gut Sie Ihre Webseiten gestaltet haben. Im Ernst: kein Mensch interessiert sich für Sie! Jeder will nur wissen, wie er von Ihnen profitieren kann. Haben Sie Kinder? Wenn ja, dann wissen Sie wovon ich spreche. Gehen Sie zunächst erst einmal davon aus, dass der Besucher Ihrer Seiten genauso egoistisch und egozentrisch handelt wie Kinder dies von Natur aus tun. Ihr „Internet-Werk" befindet sich auf dem Monitor des Betrachters in dessen Wohnung und keine Höflichkeit und keine gesellschaftliche Rücksichtnahme zwingt ihn, sich mit Ihnen länger zu beschäftigen als bis er aus Ihren Seiten das für ihn relevante herausgesaugt hat.

Vergessen Sie das niemals und betrachten Sie Ihre Arbeit nur unter diesem Aspekt und stets aus dem Blickwinkel Ihrer Gäste. Wahrscheinlich lernen Sie dabei noch einiges über das Internet hinaus – etwas, was Ihnen in Ihrem übrigen Geschäftsleben zugute kommen könnte: **Geben Sie zuerst und bevor Sie etwas erhalten**!

Dieser Wahlspruch sollte zu Ihrem Leitsatz werden. Obwohl es sich in den meisten Fällen doppelt und dreifach auszahlt, stets nach diesem Grundsatz zu verfahren, fühlen sich viele Menschen allzu leicht ausgenutzt und als einfältige Verlierer, wenn sie zuerst geben, ohne sich zuvor den möglichen Gewinn gesichert zu haben. Denken Sie um! Denken Sie auch im realen Leben um! Die wenigen, die Ihre Großzügigkeit ausnutzen werden, befinden sich in der Minderzahl, während alle anderen Ihr „etwas anderes Verhalten" doppelt und dreifach honorieren werden. In der heutigen Gesellschaft, in der ein großzügiges Entgegenkommen eher selten ist, wird Ihr offenherziger „Charakter" doppelt und dreifach auffallen und Ihnen Erfolg garantieren. Das Internet sollte der erste Schritt in diese Richtung sein. Auf diesem internationalen Parkett werden Sie noch auf weitaus mehr Firmen stoßen, die nach dem gleichen Grundsatz verfahren und damit erfolgreich und reich geworden sind.

Ihre Zielgruppe im Internet wird sich nicht wesentlich von der Klientel unterscheiden, mit der Sie sich auch im realen Leben befassen und die Ihnen hinlänglich bekannt sein sollte. Vielleicht gibt Ihnen die Arbeit mit dem Internet aber die Gelegenheit, Ihren Kundenstamm gründlicher kennen zu lernen, so dass sich für Sie auch außerhalb des Internets neue Möglichkeiten eröffnen.

Kontrollieren und begleiten Sie Ihren Internetauftritt mit den folgenden Fragen:
Was wollen meine Seiten erreichen?
Was sucht ein potentieller Kunde auf meinen Seiten?
Erfüllen meine Seiten seine Erwartungen?
Wie tragen meine Internetseiten dazu bei, die Besucher zufrieden zu stellen?
Haben Besucher einen Grund, sich mit mir in Verbindung zu setzen?
Was könnte sie dazu bewegen, meine Seiten zukünftig wieder aufzusuchen?

Wie interessiere ich Menschen?

Was können Sie bieten, was andere nicht haben? Ist Ihre Leistung oder Ihr Produkt besser als das der Konkurrenz? Nein, Ihr Produkt gibt nicht viel her und es lässt sich nicht viel Interessantes darüber berichten? Dann seien Sie einfallsreich und denken Sie unkonventionell. Wenn Ihr Produkt sich nicht von der Masse der Konkurrenzangebote abhebt, dann prüfen Sie, ob vielleicht das Umfeld Vorteile hat. Überlegen Sie, ob Sie schneller liefern können als jeder andere. Gibt es eine kleine Zugabe, mit der Sie Ihre Kunden ködern können? Denken Sie daran, dass Sie im Internet - zumindest wenn Sie in englischer Sprache und international arbeiten - keinen Wettbewerbs- oder Rabattgesetzen unterliegen und lassen Sie Ihrer Phantasie freien Lauf.

Wir werden später noch sehen, wie wir ganz gezielt Hilfe anbieten, um Besucher auf unsere Seiten zu lenken.

Ein paar eherne Grundregeln zu Gestaltung und Technik

Ganz zu Anfang wieder eine wichtige Grundregel: Sorgen Sie dafür, dass Ihr Auftritt im Internet professionell aussieht. Der erste allgemeine Eindruck bestimmt darüber, ob ein Besucher zuversichtlich weiterliest oder Ihre Seite enttäuscht wieder verlässt. So sollte die Aufmachung Ihrer Seiten, die Aufteilung, die Farben und der Hintergrund Ihr Angebot wiederspiegeln. Welche Attribute werden mit Ihrem Produkt verbunden? Gilt es als modern oder eher als konservativ? Vermittelt es Frische oder Geborgenheit? Allein schon bei der Auswahl der Farben ist es wichtig, sich an dem Image seines Angebotes zu orientieren und daran, was es „verkaufen" will. In dieser Hinsicht wird es nicht ganz verkehrt sein, sich an der Aufmachung seines übrigen Werbematerials zu orientieren – vorausgesetzt es ist professionell erstellt worden.

Haben Sie erst einmal eine Basis für das Grundkonzept gefunden, so behalten Sie diese unbedingt auf jeder Ihrer Seiten bei. Zum einen wird dieselbe Schrift, die selbe Farbe und das selbe Hintergrundbild jede Folgeseite eindeutig als die Ihre identifizieren; zum anderen wird sich die Aufmachung einprägen und so etwas wie Ihr Markenzeichen werden. Darüber hinaus werden Hintergrundbilder, Logos und andere wiederkehrende Dateien im Cache der Browser gespeichert und ermöglichen bei jeder nachfolgenden Seite, dass diese um ein Vielfaches schneller geladen wird.

Übrigens: das Internet ist voll von kostenlosen Angeboten und Spielereien, mit denen Sie Ihre Seiten aufpeppen und diese wie einen Zirkusclown ausstaffieren können. Lassen Sie die Finger davon! So sehr Ihre Kundschaft einen Zirkusclown zur Unterhaltung schätzt; niemand möchte wirklich bei einem Clown einkaufen – schon gar nicht, wenn es sich dabei um eine größere Entscheidung handelt.

Deshalb müssen Ihre Internetseiten einen professionellen und kompetenten Eindruck vermitteln! Behalten Sie das stets im Gedächtnis, denn die Gefahr ist groß, hier eine tolle Animation aus dem Zusammenhang zu reißen und dort einen dreidimensionalen Hintergrund zu stibitzen, um dann alles auf der eigenen Seite zu einem wirren Trödelmarkt zusammen zu mischen. Hüten Sie sich davor! Sie beweisen damit eigentlich nur vier Dinge:
1. dass Sie viel im Internet herum kommen – was niemand interessiert,
2. dass Sie gern ein bisschen klauen - was nicht besonders für Sie spricht,
3. dass Ihnen die Ladezeiten Ihrer Seiten und damit die Onlinekosten Ihrer Besucher völlig gleichgültig sind
4. und dass Sie zu allem Übel keinen guten Geschmack haben, denn eine bunte Mixtur

gehört allenfalls in den Schminkkasten Ihrer Ehefrau nicht aber auf Ihre Internetseiten.

Etwas über Platzbedarf und wie Sie diesen nutzen.

Haben sie 10 oder sogar noch mehr Megabyte bei einem Provider Ihrer Wahl gemietet, so steht Ihnen ausreichend Platz zur Verfügung, um sich im Internet zu präsentieren. Nutzen Sie den Platz großzügig aus. In den meisten Fällen werden 10 MB (Megabyte) ausreichen, um mindestens 50 Seiten online zu stellen - vorausgesetzt man arbeitet nicht mit großen Dateien, die Ihre Besucher herunterladen sollen oder gar mit Videos, die sich auf Ihren Webseiten betrachten lassen. Aber solche Dinge werden am Anfang für Sie sicherlich noch keine Rolle spielen. Ihre Präsenz beschränkt sich zunächst einmal auf HTML-Dateien und die dazugehörigen Bilder.

Halten Sie aber für jede Gruppe und jede Interessenlage Ihrer Kundschaft die passenden Seiten bereit. Es steht Ihnen ausreichend Platz zur Verfügung, um Ihrem Publikum jede Art Information zu präsentieren. Bieten Sie sowohl allgemeinverständliche Erklärungen für den interessierten Laien wie auch fachbezogene Erläuterungen für den Spezialisten, der sich in Ihrer Branche auskennt und der sich bei allgemeinem Blabla nur langweilen würde. Sparen Sie nicht an der Anzahl der Seiten, sondern packen Sie jedes Thema und jeden Inhalt, für jede Art Publikum auf jeweils separate Seiten.

Dabei sollten die einzelnen Seiten nicht unendlich lang werden - damit der Leser vor der Fülle unübersichtlicher Information nicht das Interesse verliert, womöglich kapituliert oder am Ende einer endlos langen Seite, schon längst wieder den Anfang vergessen und aus dem Blickwinkel verloren hat. Teilen Sie stattdessen lange Texte und Erklärungen in kleine leicht verdauliche Häppchen auf. Legen Sie mit erklärenden Bildern Ruheplätze ein und setzen Sie weiterführende Informationen oder Unterabschnitte wenn möglich auf Folgeseiten, zu denen Sie im Text einen Verweis mit Link platzieren.

Bleiben Sie bei aller Spezialisierung aber auch interessant, gut lesbar, informativ und wecken Sie vor allen Dingen die Neugier des Betrachters. Nur auf diese Weise können Sie Besucher wirklich interessieren und nahezu unbemerkt immer tiefer in die Materie einspinnen. Denken Sie stets daran: Ihre Feinde um die Aufmerksamkeit und um die Gunst des Betrachters ist dessen Langeweile, seine Ungeduld sowie seine Illusion, woanders ein besseres, günstigeres, leichter lesbares, einfach verständlicheres oder anschaulicheres Angebot zu finden.

Das Konzept über den Aufbau Ihrer Seiten und deren Inhalt

Vor der Seitengestaltung steht ein Konzept mit einer straffen Gliederung, die Ihnen als Leitfaden dienen soll. Nur so behalten Sie den Überblick darüber, wie Sie Ihr Thema aufbauen und es so verzweigen können, dass sich Besucher darin frei bewegen können ohne sich zu verirren. Anderenfalls wird ein Besucher unter Umständen zu einer anderen Adresse im Internet flüchten, nur um sich aus Ihrem Wirrwarr zu befreien.

Der Ausgangspunkt zu allen Stationen ist Ihre Hauptseite. Sie ist nicht nur dazu da, um unterschiedliche Themen anzureißen, Interesse zu wecken und neugierig auf weitere Information zu machen, sondern sie muss auch als Wegweiser zu allen anderen Seiten und Untergruppen dienen. Neben ihrer „appetitanregenden" Funktion ist es deren Hauptaufgabe, Ihren Besuchern die Übersicht zu vermitteln und zu erhalten. Denn wie tief Sie Ihre Gäste auch in die Abgründe der Materie führen, so einfach müssen Sie es ihnen auch machen, am Ende wieder zu Ihrer Hauptseite zurückzufinden. So sollte es von jeder einzelnen Seite eine direkte Verknüpfung zu Ihrer Hauptseite geben, damit sich Ihre Besucher nicht den ganzen Weg wieder zurückhangeln müssen. Auch sollte jeder Besucher an jedem Punkt wissen, wo genau er sich im Labyrinth Ihrer Seiten gerade befindet. Wenn nur noch ein Klick auf die „Home-Taste" hilft, um sich aus den Abgründen Ihrer Domain zu befreien, haben Sie mit dem Aufbau Ihrer Seiten Ihr Ziel meilenweit verfehlt. Um aber ein Straßennetz anzulegen, das nach allen Seiten offen ist, sollten Sie gleich zu Anfang eine logische Struktur erstellen, ein Grundgerüst, das Sie erst dann mit Inhalt füllen, wenn ersichtlich wird, dass Sie nicht nur alles berücksichtigt sondern auch einfache und logische Verknüpfungen geschaffen haben.

Eine Gliederung am Rand oder in der Kopfzeile Ihrer Seiten hilft bei der Orientierung. Setzen Sie aber auch entsprechende Verknüpfungen in den fortlaufenden Text - zumal Links innerhalb eines Textes viel eher verfolgt werden - vorausgesetzt sie treten nicht dermaßen zahlreich auf, dass sie nur noch verwirren. Setzen Sie beide Mittel ein: sowohl eine übersichtliche Gliederung wie auch relevante Verknüpfungen innerhalb des Textes.

Hilfreich ist eine Navigationsleiste am linken Rand oder am Kopf der Seite, die alle direkten, weiter- und zurückführenden Links anbietet. Versichern Sie sich aber, dass sich eine solche Orientierungshilfe tatsächlich auch auf jeder Seite befindet. Sollten Sie Rahmen benutzen, so setzen Sie einen solchen Navigationsbaum natürlich in den Rahmen, der stets sichtbar bleibt, egal auf welche Seite der Betrachter sich verirrt. Lesen Sie dazu aber auch das Kapitel über Rahmen mit allen beschriebenen Vorbehalten.

Während Ihre Hauptseite dazu dienen muss, zu interessieren und einen Überblick über Ihr Angebot zu vermitteln, so dass sich jeder Besucher daran orientieren kann, so dienen die Folgeseiten dazu, das entsprechende Thema detailliert zu betrachten. Denken Sie bei aller Ausführlichkeit aber daran, dass eine Seite im Internet nicht ganz so schnell umgeblättert ist wie eine Seite in einem Katalog. Gliedern Sie Ihre Themen und scheuen Sie sich nicht, diese in einer ausreichenden Anzahl von Seiten, die miteinander verlinkt sind, online zu stellen. Ein paar Seiten mehr sind allemal besser als viel Information auf wenige – oder gar auf nur eine einzige Seite zu stellen. Denken Sie aber auch daran, dass große Dateien langwierige Downloadzeiten nach sich ziehen und die Geduld Ihrer Besucher gehörig strapazieren. Vermeiden Sie endlos lange Seiten, bei denen jeglicher Überblick verloren geht und langwieriges Scrollen die Geduld des Betrachters auf eine harte Probe stellt oder diesen von der vermeintlichen Fülle des Stoffes kapitulieren lässt.

Kreieren Sie aber auch keine nutzlosen Seiten, die nur um ihrer selbst Willen geschaffen worden sind, vermeintlich etwas ausschmücken sollen oder ein Bild übertragen, das Sie noch übrig haben und loswerden wollen. Solche künstlerische Freiheit ist schlichter Unfug. Nichts ist enttäuschender, als wenn man zur Hauptverkehrszeit eine Minute auf den Aufbau einer Seite warten muss, um dort schließlich noch ein paar mehr oder weniger belanglose Sätze zu einem bestimmten Sachverhalt zu finden. Hüten Sie sich also davor, Besucher auf nichtssagende Seiten zu locken. Derjenige, der sich mit Ihrem

Angebot auseinandersetzt, kennt sich im Zweifelsfall damit aus und wird recht schnell merken, wenn Sie versuchen sollten, ihn mit leeren Floskeln einzulullen. Erhält er auf einer Seite, die er mit einer ganz bestimmten Erwartungshaltung ausgewählt hat und auf die er im wahrsten Sinne des Wortes auf seine eigenen Kosten wartet, nichts weiter als nutzloses Gefasel, so ist er im Nu wieder verschwunden.

Wie man den Aufbau seiner Internetseiten letztendlich angeht wird sich nach der Materie und nach dem Produkt richten. Sind Sie sich nicht sicher, was Sie Ihren Besuchern zumuten dürfen, empfehle ich Ihnen, sich im Internet einige gutgestaltete Seiten anzuschauen. Wollen Sie sehen, wie Kapitel vorbildlich aufgeteilt und weiterführende Verknüpfungen von interessanten Übersichtsseiten geschickt gelöst sind, so studieren Sie die Seiten von Zeitungen und Zeitschriften oder den Internetauftritt von Fernsehsendern. Warum wollen Sie das Rad neu erfinden? Diese Leute haben Erfahrung mit Medien und kennen sich in der Werbung aus. Lassen Sie sich aber nur anregen und erstellen Sie um Gotteswillen keine Kopien!

Wie finde ich einen unkomplizierten Anfang?

Viele Firmen werden es zunächst vorziehen, ihren gedruckten Katalog ins Internet zu stellen. Da ein solcher Werbeträger zumeist von Fachleuten konzipiert worden ist - die hoffentlich ihr Handwerk verstanden haben - gibt es nichts dagegen einzuwenden. Nehmen Sie Ihr reguläres Werbematerial als Basis und kreieren Sie Ihre Hauptseite und die weiterführenden Seiten darum herum. Nachdem Sie einen Anfang gefunden und einige Seiten geschaffen haben, wird der internetgerechte Ausbau beinahe automatisch folgen. Berücksichtigen Sie dabei aber bitte unsere oben genannten Richtlinien. Falls Ihr Katalog nicht über die Vorteile Ihrer Kunden, sondern nur über die Qualität Ihrer Produkte spricht, gestalten Sie ihn entsprechend um. Vielleicht können Sie am Ende nur die Beschreibungen und die Bilder verwenden. – Das ist immerhin besser als gar nichts.

Bei der Umsetzung eines Katalogs müssen Sie aber auch ein paar technische Dinge beachten. So kommen zum Beispiel gedruckte Bilder auf dem Monitor erst dann richtig zur Geltung, wenn diese zuvor mit einem Grafikprogramm nachbearbeitet worden sind. Gedruckte Bilder haben fast immer eine wesentlich höhere Auflösung als die digitalen Bilder, die auf Ihrem Monitor erscheinen. In den Computer gescannt werden sie nur allzu oft zur Enttäuschung, da Grafikkarte und Monitor die Vorlage völlig anders umsetzen. Ich habe die Erfahrung gemacht, dass je anspruchsvoller ein gedrucktes Bild wirkt, um so schwieriger ist es, eine ähnliche Wirkung auf dem Bildschirm zu erzielen. Hinzu kommt, dass die zu erzeugende Bilddatei nicht viel größer als maximal 30 KB (Kilobyte) sein sollte, damit sie entsprechend schnell geladen werden kann. Da sich auf Ihrer Seite wahrscheinlich mehrere Bilder befinden, sollten Sie die Gesamtsumme aller KB berücksichtigen, die jedes Mal von Ihrem Server auf den Computer des Betrachters heruntergeladen werden muss. So empfehlen sich wahrscheinlich eher Bilder mit 10 als mit 30 KB. Wenn Sie da nicht aufpassen, entsteht schnell ein Ergebnis von einem halben Megabyte, das schwerfällig durch die verstopften Datenleitungen kriecht bis sich endlich die gewünschte Information auf den Monitoren der Interessenten aufgebaut hat. Viel zu lange! Benutzen Sie Bilder also auf keinen Fall zum Selbstzweck. Sie sollten ausschließlich dazu dienen, Ihren Text zu veranschaulichen und diesen zu unterstreichen. Wenn Sie hingegen Fotoalben im Internet veröffentlichen wollen, würde ich ein solches

Hobby auf die private Homepage verbannen.

Menschen, die es bei der Gestaltung eilig haben und dank einer guten Ausrüstung und einigen passablen Computerkenntnissen auf die Idee verfallen, ihre Arbeit dadurch zu rationalisieren, indem sie gleich die ganzen Katalogseiten scannen, um diese als Bild ins Internet zu stellen, sei von einem solchen Vorhaben dringend abgeraten. Abgesehen von den langen Ladezeiten, die dermaßen große Bilder beanspruchen, ist eine solche Seite nicht nur schwer zu lesen, sondern auch hässlich und lieblos zusammengestümpert. Eine solche Internetseite beweist nur, dass der Webmaster seine Arbeit so rasch wie möglich hinter sich bringen wollte. Deshalb investieren Sie ein wenig mehr Arbeit und schreiben Sie den Text aus Ihrem Katalog lieber ab. OCR Programme können bei der Umsetzung des Textes ebenfalls große Dienste leisten.

Sind keine Kataloge vorhanden, so greift man gerne auf Anzeigen, Informationsblätter oder Plakate zurück, die von oder für die eigene Firma erstellt worden sind. Wenn sich solches Werbematerial bewährt hat, Inhalt und Umsetzung sich an unserer „Kundenbehandlung" orientiert und Sie selbst nicht aus den Augen verlieren, dass Schriften, Farbe, Bilder und Hintergründe für den Monitor bearbeitet werden müssen, und dort anders zur Geltung kommen, ist für den Anfang nichts gegen eine solche unkomplizierte Übernahme einzuwenden.

Haben Sie dagegen noch keine eigene Werbung und haben Sie auch keine Ahnung davon, was in Ihrer Branche so gang und gäbe ist und welcher Stil zu Ihrer Firma passen könnte, so schauen Sie sich bei Ihren Mitbewerbern um. Auf diese Weise werden Sie schnell herausfinden, was machbar ist oder was Sie besser unterlassen sollten. Am einfachsten lässt sich immer noch aus den Fehlern der anderen lernen. Entwickeln Sie aber auch eigenen Ideen und kontrollieren Sie sich anhand dessen, was Sie woanders gesehen haben. Sie werden dabei bald feststellen, wie Sie allzu abenteuerliche Ideen auf ein vernünftiges Maß zurückschrauben.

Baustellen

Mit der Zeit werden sich Gestaltung und Angebot auf Ihren Web-Seiten verändern und neue Ideen in Ihre Internetarbeit einfließen. Je öfter Sie sich im Internet bewegen, umso größer wird Ihre Erfahrung und Sie werden entdecken, wie andere ihre Internetseiten gestaltet haben. Dies wird Sie zwangsläufig inspirieren und Ihre Präsentation beeinflussen. Achten Sie aber darauf, dass nicht jede Aufmachung für jedes Thema geeignet ist und eine überladene Seite zwar wunderbar blinkt und blitzt aber eigentlich recht wenig Aussagekraft besitzt - falls Sie nicht von Berufs wegen mit Animationen handeln.

Auf jeden Fall werden Ihre Internetseiten eigentlich niemals richtig fertig werden. Sie werden diese ständig verbessern, ergänzen und neue Seiten hinzufügen wollen - und das auch dann, wenn Sie vermeintlich schon alles mitgeteilt haben, was es über Ihr Thema zu sagen gibt.

So wird ihre Werbung im Internet auf die eine oder andere Art immer eine Art Baustelle sein. Verfallen Sie jetzt aber bitte nicht der Unsitte, Ihre Seiten auch als Baustelle zu deklarieren "under construction" anstelle von Inhalten zum Hauptthema zu machen und womöglich noch kleine Männchen mit vibrierendem Presslufthammer oder Baustellenschilder aufzustellen. Abgesehen davon, dass sich kein Mensch dafür interessiert, was Sie noch nicht in der Lage waren fertig zu stellen, ist es ärgerlich, auf den Aufbau von Seiten zu warten, die dann nichts weiter darstellen als das, was einen schon draußen im Straßenverkehr ärgert. Hat dann ein Besucher auch noch ein wenig Ahnung davon, wie einfach sich wenigstens die notwendigsten Informationen im Internet vermitteln lassen, wird er es als Faulheit, mangelndes Interesse oder schlichtweg als Unvermögen des Webmasters betrachten, auf solche Baustellen zu stoßen - ganz besonders dann, wenn die erwartete Seite interessante Informationen versprochen hat.

Um dem eigenen Unvermögen noch die Krone aufzusetzen, stehen solche Baustellen nicht selten monatelang im Netz herum; entweder weil sie schlichtweg vergessen worden sind oder sich niemand mehr dafür interessiert, an den Seiten weiterzuarbeiten. Warum sollte sich ein Besucher für etwas interessieren, was sogar dem Eigentümer zur Last geworden ist? Aber auch wenn tatsächlich ganz wichtige, unaufschiebbare Angelegenheiten die weitere Arbeit am Internet verhindert haben, ist das einer solchen Baustelle nicht anzusehen.

Deshalb gilt: beenden Sie Ihre Arbeit bevor Sie diese ins Netz stellen. Ankündigungen über zukünftige Erweiterungen sollten allenfalls als Vermerk erscheinen - niemals aber als Link funktionieren, der am Ende zu einer Baustelle führt. Im übrigen gilt, dass wenn Sie zukünftige Pläne bereits im voraus im Internet ankündigen, sollten Sie diese in absehbarer Zeit auch Wirklichkeit werden lassen und die Ankündigungen nicht noch nach einigen Monaten ihr eigenes Desinteresse oder Ihr Unvermögen bekunden.

Ein paar allgemeine Hinweise über Ihre Internetseiten

Unterlassen Sie im Internet, was Sie auf jedem anderen Werbeträger ebenfalls als unpassend empfinden würden. Sie kennen Ihr Geschäft am besten und wissen welcher Auftritt zu Ihrer Firma passt. Rosarote Ferkel gehören allenfalls auf die Seiten einer Fleischerei und nicht auf die Seiten einer Firma die Maschinen baut - auch wenn die Ferkel ganz entzückend mit den Augen rollen. Genauso wenig sollten bunte Striptease-Tänzerinnen auf den Seiten eines Beerdigungsinstituts ihre Hüllen fallen lassen.

Natürlich würde niemand auf solche Ideen verfallen. Trotzdem ist es immer wieder erstaunlich, wie leicht sich Webmaster von Effekten und Animationen auf anderen Seiten dazu verleiten lassen, geschmacklose Spielereien an der falschen Branche auszuprobieren. Obwohl ich es eher als störend empfinde, ist nichts dagegen einzuwenden, wenn Sie mit Effekten arbeiten, Java-Scripts und Animationen auf Ihren Seiten ablaufen lassen, solange die Darstellung sich mit Ihrer Branche und dem Inhalt Ihres Textes verträgt, die Seiten nicht überladen wirken und sich der Seitenaufbau in einem vernünftigen zeitlichen Rahmen bewegt. Spielereien zum Selbstzweck interessieren niemanden und tragen allenfalls dazu bei, Ihre Seriosität in etwa so zu festigen, als würden Sie Ihre Kundschaft ohne ein erkennbares Zeichen von Karneval mit Pappnase und Tröte bedienen.

Bleiben Sie bei Ihrem Image und gehen Sie sparsam mit Gags um. Orientieren Sie sich an Ihrer übrigen Werbung außerhalb des Internets, an Ihren Anzeigen und Plakaten oder meinetwegen auch an den Aufdrucken auf Ihrem Verpackungsmaterial. Behalten sie Ihr Logo und den Schriftzug Ihres Firmennamens bei. Es war teuer und hat lange genug gedauert, dieses Bild in den Köpfen Ihrer Kundschaft zu verankern. Warum sollten Sie sich dann im Internet anders darstellen, als wie Ihre Kundschaft Sie schon seit Jahren kennt. Und wenn Sie schon seit Jahr und Tag auf Ihren Werbeträgern einen leicht gelben Hintergrund verwenden, so besteht überhaupt kein Anlass, diesen in ein saftiges Pink zu ändern, nur weil Ihre Frau ein Lieblingskleid in diesem Farbton besitzt und das Internet eine gute Gelegenheit bietet, sich einmal so richtig zu entfalten. Sie sollen die erweiterten Möglichkeiten des Internets nutzen, diese aber nicht missbrauchen.

Noch ein paar Dinge, auf die Sie achten müssen!

Langweilen Sie Ihre Besucher nicht mit uninteressanten Erklärungen, überflüssigen Vorstellungen, unnötige Begrüßung und ähnlichen zeitraubenden Einleitungen. Kommen Sie stattdessen rasch zum Punkt, seien Sie aufregend und zeigen Sie Ihren Gästen wie und womit Sie ihnen helfen können. Denn das einzige, was einen Besucher an Ihren Seiten tatsächlich interessiert, ist der Vorteil, den er aus ihnen ziehen kann. Geben Sie ihm reichlich von dem Stoff, den er erwartet und nutzen Sie dabei die Gelegenheit, um ihm klarzumachen, dass Ihr Produkt oder Ihr Service genau das ist, was er für die Lösung seiner Probleme gesucht hat.

Vermeiden Sie in Ihrem Text einen Überhang der Worte: "ich", "wir", "mein" und "unser". Verwenden Sie stattdessen öfter: "du", "ihr", "euer". Gehen Sie doch einfach einmal mit einem Suchbefehl an Ihren Text heran und finden Sie heraus, in welcher Relation diese beiden Wortgruppen zueinander stehen. Wenn das Verhältnis eins zu eins ist, sollten Sie dies zum Nachteil der ersten Wortgruppe ändern.

Loben Sie Ihr Produkt nicht über den grünen Klee. Versprechen Sie nichts, was Sie nicht halten können. Die Enttäuschung ist nachher umso größer, je voller Sie den Mund anfangs genommen haben. Zeichnen Sie Ihre Produkte oder Ihren Service nicht mit Attributen aus, die diesen nicht zukommt.

Haben Sie sich einmal geirrt, so beschuldigen Sie niemand anderen. Irren ist menschlich. Wenn Sie tatsächlich einmal daneben gelegen haben, so macht es einen weitaus besseren Eindruck, wenn Sie sich entschuldigen, anstatt mit fadenscheinigen Erklärungen die Schuld abwälzen zu wollen. Eine ordentliche Entschuldigung am richtigen Platz ist ein Beweis charakterlicher Größe - weltweit.

Seien Sie niemals penetrant, unhöflich, flegelhaft, großmäulig oder angeberisch. Alles was Sie im normalen Leben unsympathisch machen würde und was Sie normalerweise im Umgang mit Ihren Kunden (hoffentlich) vermeiden, schadet Ihnen im Internet umso mehr, da es dort niedergeschrieben ist, und von jedermann jederzeit nachgelesen werden kann und somit eine Vielzahl von Menschen erreicht.

Handeln Sie moralisch einwandfrei und riskieren Sie nicht mit zweifelhaften Methoden Ihren Ruf - und damit Ihren Erfolg. Bleiben Sie in allen Punkten stets bei der Wahrheit. Haben Sie einen Kunden einmal belogen, haben Sie nicht nur den Kunden verloren, sondern sich unter Umständen sogar einen Feind geschaffen, der hinter Ihren Rücken schlecht über Sie redet. Im Internet ist ein schlechter Ruf recht schnell verbreitet – ohne dass Sie das überhaupt mitbekommen müssen. Eines Tages schwimmen Sie dann gegen einen unsichtbaren Strom und wundern sich, weshalb die Kunden und der Erfolg ausbleiben.

So wie Sie kein Superlativ gebrauchen werden, hat auch marktschreierisches Gehabe in der Art und Weise wie Sie auftreten keine Daseinsberechtigung. In diese Rubrik fallen unter anderem übergroße Buchstaben in jeder zweiten Zeile. Sie wirken unseriös. Auch unsinniges Blinken und Flackern wirkt wenig überzeugend und macht den Betrachter nur nervös. Seien Sie also nicht aufdringlich.

Öffnen Sie nicht jedes Mal ein neues Browserfenster, wenn ein Besucher nur auf eine andere Seite wechseln möchte, so dass sich dieser am Ende einem halben Dutzend Browserfenster gegenüber sieht, die seinen Rechner gefährlich nahe an einen Absturz bringen. Noch unverschämter wird es, wenn sich beim Verlassen Ihrer Domain automatisch eine oder sogar mehrere neue Browserseiten öffnen. Solche Methoden sind den Seiten mit pornographischem Inhalt vorbehalten, die anderen Kriterien unterliegen und mit denen Sie sich weder vergleichen noch messen sollten. Wenn sich bei Ihrem Besucher erst einmal unfreiwillig drei oder vier neue Fenster geöffnet haben, will er schließlich nur noch zurück zu seiner Startseite, oder das ganze Programm beenden, um alle Fenster mit einem Schlag zu schließen.

Es ist aber auch unhöflich, einen Besucher dadurch festhalten zu wollen, indem man ihn beim Zurückblättern penetrant auf der eigenen Seite hält. Will der Besucher gehen, können Sie dies sowieso nicht verhindern – allenfalls zum Abschied noch einen schlechten Eindruck hinterlassen. Wenn ein potentieller Kunde bereits auf Ihren Internetseiten unfair behandelt wird, wie sicher wird er sich dann erst fühlen, wenn er mit Ihnen Geschäfte machen soll?!

Text

Vermeiden Sie, Ihre Seiten mit unterschiedlichen Schriften voll zu packen, nur um zu zeigen, wie viele Fonts sich auf Ihrem Computer befinden. Arbeiten Sie mit nicht mehr als zwei verschiedenen Schriften. Eine Anhäufung verschiedener Schriftarten wirkt unruhig und ist schwer lesbar. Wenn Sie nur eine Schriftart verwenden können Sie immer noch die Schriftgröße verändern, Abschnitte fett hervorheben, schräg setzen und unterstreichen. Geben Sie dem Text bei Bedarf eine andere Farbe. Sollten Sie mit 3-D-Schriften arbeiten, denken Sie daran, dass es sich dabei um Bilddateien handelt, die meistens nicht unerhebliche Ladezeit beanspruchen. Benutzen Sie diese deshalb höchstens als Headlines und gehen Sie im übrigen sparsam damit um.

Denken Sie daran, das auch gelesen werden soll, was Sie auf Ihre Seiten geschrieben haben. Sicherlich wird jeder eine Schrift mit einer Größe von 24 Punkte ohne Mühe entziffern können. Fraglich ist aber, ob Buchstaben so hoch wie Streichhölzer, die mehr an Marktschreierplakate erinnern, bei dem Leser einen besonders guten Eindruck hinterlassen. Beschränken Sie wuchtige Schriften also auf die Überschriften und überlassen Sie diese ansonsten Firmen, die mit MLM oder Kettenbriefen ihre Geschäfte machen. Abgesehen davon wird sich Ihr Schriftbild ohnehin nach der Art Ihres Angebots richten. Zweifellos wirkt eine 10 Punkte Arialschrift in einer wissenschaftlichen Abhandlung seriös und angebracht. Es spricht auch nichts dagegen, wenn Sie mit einer solchen Schriftgröße fachliche Zusammenhänge erklären. Schrecken Sie den Leser aber bitte nicht mit ellenlangen Texten in kleinen Buchstaben ab. Wenn Sie ein solches Schriftbild benutzen, gönnen Sie Ihren Besuchern Erholungspausen, indem Sie mit vielen kurzen Abschnitten (anstatt eines langen) arbeiten, ausreichend Leerzeilen einbauen und das Ganze mit Bilder auflockern. Denken Sie immer daran, dass es bedeutend anstrengender ist, von einem Monitor zu lesen als in einem Buch - auch wenn Ihnen das im ersten Moment vielleicht nicht auffällt. Der Leser wird eher bereit sein, sich mit langen Ausführungen zu beschäftigen, wenn er sich von einem kleinen Abschnitt zum andern hangeln kann und sich nicht mit einem gewaltigen Berg zusammenhängenden Textes konfrontiert sieht. Dies gilt ganz besonders, wenn er eine Fremdsprache wie Englisch lesen muss.

Überhaupt empfehle ich ein ausgewogenes Verhältnis von Bild und Text, wobei das Bild im Idealfall den Text erklärt oder untermauert. Wir haben auf unseren eigenen Seiten außerdem berücksichtigt, dass es nicht gerade die ärmsten Leute sind, die aus Altersgründen eine Lesebrille benötigen. So haben wir bei der Schriftgröße darauf geachtet, dass diese gut zu lesen ist. Auch haben wir auf allen unseren Seiten ein gut lesbares Schriftbild verwendet und auf unnötige Schnörkel, die nur dem Selbstzweck dienen, verzichtet. Mit kleinen kurzen Abschnitten haben wir den Betrachter von einem Abschnitt zum anderen begleitet. Jeder Abschnitt hat seine eigene Überschrift. Wie ein guter Fremdenführer, der sich mit einer Reisegruppe an dem schwächsten Mitglied orientieren muss, haben wir immer wieder Pausen eingelegt und für erfahrenere Gruppen getrennte, kompliziertere Wegstrecken angeboten. Platz dafür ist auf jedem Server ausreichend vorhanden.

Da aber auch Sie nicht wissen, wen es alles auf Ihre Seiten verschlägt und welche Voraussetzungen die einzelnen Menschen mit sich bringen, ist Ihre Position der eines Reiseführers nicht unähnlich. Legen auch Sie Pausen ein, verschaffen Sie mit Abschnitten und Überschriften einen Überblick, der die Orientierung erleichtert und vergessen Sie nicht, wichtige Passagen hervorzuheben. Bieten Sie dem Fachmann eine Alternativestrecke an, die ihm gerecht wird und die zudem noch Ihre eigene Kompetenz beweist, ohne dass Sie dabei die unerfahreneren Besucher verlieren.

Kontrollieren Sie Ihre Seiten auf Rechtschreibfehler. In Zeiten, in denen jedes Textprogramm Fehler automatisch korrigiert, ist es ein Zeichen von Nachlässigkeit, von Fehler trotzende Texte zu publizieren. Ich würde mich fragen, wie wohl jemand meine Aufgaben erledigen wird, wenn er es nicht einmal für nötig befindet, seine Werbung frei von Rechtschreibfehlern zu halten. Und ganz fatal wird die Angelegenheit, wenn solche Fehler auch noch unabänderbar in die Suchmaschinen wandern. Was ich hier über die Rechtschreibung gesagt habe, gilt natürlich auch für die Grammatik.

Bild
Über große Bilder in bezug auf Downloadzeiten haben wir schon gesprochen. So nützlich Bilder im Internet sind, so freut sich kein Besucher darauf, fünf Minuten oder

länger auf den Aufbau großer Bilddateien zu warten. Achten Sie darauf, dass Ihre Seite zusammen mit den darauf befindlichen Grafiken und Animationen 100 KB nicht übersteigt. Der durchschnittliche Internetbenutzer arbeitet noch immer mit einem 28,8 Modem, wobei der starke Verkehr auf der Datenautobahn sogar diese Zahl noch etwa um die Hälfte zusammenschrumpfen lässt - zumindest in der Hauptverkehrszeit. Außerdem sollten Sie auch nicht vergessen, dass nicht wenige Menschen für jede Minute im Internet noch immer zeitabhängig bezahlen müssen. Für dieses Publikum wird es also ein recht zweifelhaftes Vergnügen sein, mit einer langen Wartezeit unnötig Geld für ein unwichtiges Bild auszugeben.

Prüfen Sie deshalb, inwieweit Sie große Grafikdateien komprimieren können. Wenn Sie Ihre Bilder mit genauer Angabe zur Größe (width="Breite" height="Höhe") ausstatten, verringert dies ebenfalls die Ladezeit. Am besten arbeiten Sie mit zwei verschiedenen Dateien, wobei das Bild, das sich mit Ihrer Seite lädt wesentlich verkleinert, stärker komprimiert oder mit weniger Farben ausgestatteten sein sollte. Legen Sie zu dem größeren, beeindruckenden Bild lieber eine Verknüpfung, so dass jeder Besucher selbst entscheiden kann, ob er sich mit einem weiteren Mausklick die größere Datei anschauen möchte oder nicht. Sie können dann den Ladevorgang auch noch erheblich dadurch beschleunigen, indem Sie die verknüpften Bilder in der Größe eines kleinen Punktes ans Ende der Seite stellen, so dass diese nicht auffallen und auch nicht gesehen werden sollen, aber vom Browser trotzdem in den Cache geladen werden, während sich der Betrachter noch ausgiebig mit dem Text der Seite beschäftigt. Sollte er dann ein Bild anklicken, um sich dieses im Großformat anzusehen, so wird dieses aus dem eigenen Festplatten-Cache wesentlich schneller geladen als vom weit entfernten Server.

Nun sieht eine Webseite mit schönen großen Bildern meistens besser aus als mit kleinen Bildchen. So ist es Ihnen nicht zu verdenken, wenn Sie Ihre Grafik in annehmbarer Größe in Ihrem Text eingebunden sehen wollen. In einem solchen Fall gilt mehr denn je: optimieren und komprimieren Sie Ihre Grafikdateien! Im Internet gibt es reichlich Shareware, die Ihnen dabei hilft.

Wie auch immer Sie sich bei der Gestaltung entscheiden, jedes Bild sollte mit einem Kommentar unterlegt sein, so dass Besucher den erklärenden Text noch vor dem Bild zu sehen bekommen und dann selbst entscheiden können, ob sie auf das warten wollen, was sich dort - unter Umständen langwierig - aufbaut. Unvermeidlich ist eine solche Hilfestellung zudem für Internetnutzer, die bei ihrem Browser die Grafikanzeige abgestellt haben. Auch jemand, der Ihre Internetseite auf seiner Festplatte gespeichert hat, kann nur noch anhand der Kommentare erkennen, was für Bilder nicht mit heruntergeladen worden sind. Darüber hinaus wird der Kommentar aber auch angezeigt, wenn das Bild geladen ist und die Maus darüber fährt und wertet dadurch Ihre Seite auf.

Solche nützlichen Erklärungen nennt man Alt-Tags und sie werden wie folgt eingebaut:
<img src="ihr-bild.jpg" height=x width=x alt="Erklärung">.

Machen Sie Bildkommentare anschaulich, so dass der Betrachter sich etwas darunter vorstellen kann. Achten Sie aber auch darauf, bei der Beschreibung einige Ihrer Suchbegriffe zu verwenden, die Sie später bei den Suchmaschinen anmelden. Sie erleichtern denen dadurch nicht nur die Arbeit, sondern erhöhen darüber hinaus noch Ihre Chancen, gefunden zu werden, denn nicht wenige der Suchmaschinen lesen den Text der angemeldeten Seiten selbst aus, um eine Beschreibung der Seiten zu generieren. Bilder am Kopf der Seite sind dabei nur mit Alt-Tags hilfreich.

Achten Sie auf den Hintergrund Ihrer Seiten! Ich bin immer wieder erstaunt, wie manche Webmaster gedankenlos mit Bildern und Farben experimentieren. Es ist nun mal eine Tatsache, dass die meisten Bilder als Hintergrund nicht geeignet sind, da die Vielfalt ihrer Töne und Farben Teile der darauf geschriebenen Wörter und ganze Textpassagen einfach verschlucken. Je bunter und ausdrucksvoller ein Bild ist, um so weniger taugt es als Hintergrundbild. Aber auch viele Farben sind nur in Nuancen als Hintergrunddekoration geeignet. Am Ende aller Überlegungen werden Sie sich für zwei Wege entscheiden müssen, nämlich ob Sie mit einer ziemlich dunklen Schrift auf einem ziemlich hellen Hintergrund arbeiten wollen oder umgekehrt. Eine andere Möglichkeit gibt es nicht - wenn Sie wollen, dass Ihr Text auch tatsächlich in voller Länge gelesen wird, denn dies wird umso zweifelhafter, je schwieriger Sie das Lesen machen. Testen Sie das Ergebnis Ihrer Zusammenstellung unbedingt mit verschiedenen Browsern, um die unterschiedliche Wirkung mit eigenen Augen zu sehen.

Ohnehin sollten Sie einige der gängigsten Browser auf Ihrem Computer installiert haben, um sich die Wirkung Ihrer Arbeit von Zeit zu Zeit anzuschauen. Vergessen Sie dabei nicht, dass nicht wenige Ihrer Gäste - vor allen Dingen dann, wenn diese in anderen Regionen dieser Erde zu Hause sind - mit nicht ganz so hochwertigen Monitoren und Grafikkarten arbeiten, sodass manches Ergebnis Ihrer Arbeit bei denen zuhause etwas anders ausschaut.

Denken Sie aber auch daran, von Ihren Seiten eine reine Textversion zu erstellen und anzubieten. Nutzer, die auf einen schnellen Datentransfer angewiesen sind oder unter schlechten Internetanbindungen leiden, werden es schätzen. Gerade wenn Ihre Seiten „bildlastig" sind, wird ein solches Angebot dankend angenommen werden. Darüber hinaus wird es Ihnen selbst kaum große Mühe bereiten, aus Ihren informativen Seiten die Bilder zu entfernen, um auf diese Weise eine Textversion zu erstellen.

Tabelle

Tabellen sind unvermeidlich, um Ordnung auf Ihre Seiten zu bringen. Ob Sie eine mehrspaltige Liste anfertigen oder Bilder neben Text platzieren wollen: Sie sind auf eine Tabelle angewiesen. Merken Sie sich aber, dass der Inhalt von Tabellen von Suchmaschinen nicht ausgelesen werden kann. Tabellen gehören also keinesfalls an den Anfang einer Seite, da die Roboter der Suchmaschinen, die sich nach Ihrer Anmeldung über Ihre Internetseiten hermachen werden, um mehr über Ihren Internetauftritt herauszufinden, sich nur mit dem ersten Drittel (wenn überhaupt) befassen.

Das gleiche was weiter oben über die Größenangabe bei Bildern gesagt wurde, gilt ebenfalls für Tabellen. Bei genauer Angabe zur Größe (width="Breite" height="Höhe") verringert sich die Downloadzeit auch von Tabellen erheblich. Dies ist wichtig, denn der Inhalt von Tabellen wird erst dann auf den Monitoren angezeigt, wenn die komplette Tabelle geladen ist. Dadurch können bei sehr großen Tabellen lange Wartezeiten entstehen. Deshalb empfiehlt es sich, lieber mit mehreren kleineren Tabellen zu arbeiten als mit einer großen. Wenn Sie die Rahmen mit *BORDER=NO* verstecken, wird es niemandem auffallen, dass das, was wie eine große zusammenhängende Liste aussieht, in Wirklichkeit mehrere Tabellen sind, die untereinander stehen.

Kasperletheater

Vorsicht bei aufwendigen Animationen. Abgesehen davon, dass die meisten dieser Applets langwierig herunter zu laden sind, stellen viele Browser diese Effekte erst gar nicht da. Einige Computer neigen sogar dazu, sich bei allzu komplizierten Skripts einfach aufzuhängen. Wenn dann Ihr potentieller Kunde seinen Rechner zum dritten Mal gebootet und Windows neu geladen hat, haben Sie wahrscheinlich einen richtig guten Freund für Ihre Seiten gewonnen.

Realistisch betrachtet gibt es außer Ihnen niemand, der sich von einer Computeranimationen auf Ihren Seiten beeindrucken lässt. So macht ein Applet eigentlich nur Sinn, wenn es als klickbare Werbung auf einem fremden Rechner blinkt und zuckt, um von dort die Besucher abzuwerben. Ohnehin wird es sich dort gegenüber anderer Werbung behaupten müssen. Auf Ihren eigenen Seiten haben Sie dagegen bessere Möglichkeiten, um Ihr Publikum auf Ihr Angebot aufmerksam zu. Sollten Sie trotzdem einmal ein Sonderangebot besonders herausstellen wollen, dann fällt ein einzelnes sich bewegendes Bild sowieso stärker auf, als wenn es auf Ihrer Internetseite so zugehen würde, wie auf dem Londoner Picadilly Circus bei Nacht. Wenn Sie sich einmal auf professionell gestalteten Seiten umschauen, so werden Sie bald feststellen, dass sich dort nur bewegt, wofür andere als Bannerwerbung sehr viel Geld bezahlen.

Ich denke, dass ich nach all diesen Ausführungen nicht mehr gesondert darauf hinweisen muss, dass Banner von anderen Firmen auf Ihren Seiten erst recht nichts zu suchen haben. Solange Ihnen Firmen wie Netscape oder Microsoft nicht mehrere tausend Dollars im Monat bezahlen, damit Sie die Werbung für deren Browser auf Ihren eigenen Seiten platzieren, unterlassen Sie das bitte. Das gleiche gilt für Auszeichnungen, für die sich kein Mensch interessiert und die Ihnen nur verliehen worden sind, damit Sie diese auf Ihre Seiten stellen, von wo aus sie Ihre Besucher auf die Seiten des Trophäenverleihers umleiten sollen oder zumindest - wenn das Abzeichen beim Öffnen Ihrer Seiten jedes Mal vom Server des Verleihers angefordert wird - dessen Statistik verschönern. Verbannen Sie solche Banner rigoros von Ihren Seiten. Sie sind nicht nur nutzlos sondern geradezu schädlich und verraten den Anfänger, der sich darüber freut, irgend etwas von den Großen im Internet auf seinen Seiten präsentieren zu dürfen, so als sei dies ein Mercedesstern auf der Kühlerhaube des eigenen Autos.

Zum Abschluss möchte ich darauf hinweisen, dass es auf dieser Erde noch unzählige Menschen gibt, die mit kleineren Monitoren als 17" arbeiten - ganz abgesehen von den zahlreichen Laptopbenutzern. Wenn Inhalt und Aufbau Ihrer Seite bei einem Abstand von einem Meter stark an das Stickmuster einer orientalischen Pferdedecke erinnern, sollten sie sich ernsthaft Gedanken über deren mühelose Lesbarkeit machen.

Die Links

Eine der ganz großen Vorteile des Internets ist es, Seiten miteinander verknüpfen zu können, so dass man mit einem Mausklick auf einen Text oder ein Bild zu einem anderen Textabschnitt oder zu einer anderen Seite, einer anderen Domain etc. gelangen kann. Solche Verknüpfungen gestatten es, in einem Thema endlos zu verzweigen, erklärende Ausführungen direkt aus dem Text zu verfolgen und komplexe Zusammenhänge aufzugliedern. Der Befehl dazu lautet:

<a href="seite.htm">Verknüpfungstext</a>

Sie können sogar mit dem Zusatz „target=blank" oder „target=extern" die Verknüpfung in einem neuen Browserfenster öffnen:

<a href="seite.htm" target=blank>Verknüpfungstext</a>

Damit sorgen Sie dafür, dass Ihre ursprüngliche Seite geladen bleibt.

Geizen Sie nicht mit der einzigartigen Option, Seiten miteinander verknüpfen zu können. Dadurch wird es Ihnen möglich, nicht nur Zusammenhänge zwischen verschiedenen Produkten herzustellen und jede Textstelle mit einem anderen beliebigen Punkt im Internet zu vernetzen, Sie sind auch in der Lage, unterschiedlichen Besuchern - je nach Interessenlage oder Wissensstand - eine eigene Aufgliederung und ein separates Kapitel einzurichten und können Ihnen diese Option sogar genau an der Stelle anbieten, wo es erforderlich wird. So sorgen übergeordnete und vernetzte Strukturen dafür, dass jeder Besucher rasch von einem Punkte zum anderen gelangt.

Anders als in einem Buch, in dem gnadenlos ein Kapitel dem anderen folgt, können Sie den Besucher im Internet nach eigenem Gutdünken von Kapitel zu Kapitel springen lassen und damit den unterschiedlichsten Voraussetzungen recht einfach gerecht werden. Der Aufbau Ihrer Internetseiten ist nicht länger mehr linear sondern wird dadurch dreidimensional. Gestalten Sie „hoch" „runter" und „in die Tiefe" mit einer eigenen Dramaturgie.

Doch behalten Sie dabei stets im Auge, dass Ihr Gast sich nie verirrt. Lassen Sie ihn auf jeder Seite wissen, wo er sich gerade befindet und wie er wieder zurück zu Ihrer Hauptseite gelangt. Sie können dies mit einer auf jeder Seite angezeigten Baumstruktur bewerkstelligen oder indem Sie an gut sichtbarer Stelle entsprechende Links zu den vorangegangenen Seiten oder zur Gesamtübersicht einbauen.

Lassen Sie Verknüpfungen grundsätzlich nur auf Ihre eigene Domain verweisen. Genauso wenig wie Sie einen Interessenten aus Ihrem Geschäft schicken würden, genauso wenig sollten Ihre Links von Ihren eigenen Seiten weg führen. Und wie bereits erwähnt: nur Einfaltspinsel weisen den Weg zu Mitbewerbern.

Stellen Sie sicher, dass jeder einzelne Link auf Ihren Seiten auch tatsächlich funktioniert. Fehler schleichen sich im Detail ein, ein vergessener Buchstabe, Groß- und Kleinschreibung, der Eintrag der Verzeichnisstruktur Ihrer Festplatte, anstatt der des Servers schicken jeden Besucher auf eine hässliche Fehlerseite und hinterlassen selbst bei erfahrenen Surfern einen negativen Beigeschmack.

Die gleiche Forderung gilt auch für Ihre sichtbaren und verknüpften Bilder. Stellen Sie sich vor, Ihre Seite ist online und anstelle schöner Bilder erscheinen nur graue Karos, weil die Seite wegen einer falschen Pfadangabe ihre Bilder in einem Unterverzeichnis auf Ihrer Festplatte sucht. Kontrollieren Sie deshalb Ihre Seite auf funktionierende Verknüpfungen. Tun Sie das bitte online - das heißt, wenn sich Ihre Arbeit bereits auf dem Server Ihres Providers befindet. Denn das, was bei Ihnen zu Hause funktioniert, muss nicht zwangsläufig auch auf anderen Computern klappen. Verzeichnisse heißen dort ganz anders und Groß- und Kleinschreibung spielen vielleicht plötzlich eine entscheidende Rolle. Kontrollieren Sie alles zweimal - und zwar auch dann, wenn Sie sich hundertprozentig sicher wähnen! Denken Sie daran: das Ergebnis wird auf der ganzen Welt begutachtet!

Übrigens: Links könne nur dann gefunden werden, wenn diese auch als solche erkennbar sind. Ist es Ihnen nicht auch schon so ergangen, dass Sie auf einer Internetseite mit der Maus über den gesamten Bildschirminhalt wandern mussten, nur um herauszufinden, an welcher Stelle sich der Zeiger in eine Hand verwandelt, damit Sie wissen, wo es weitergeht? Vielleicht aber hat Sie der Inhalt solcher Seiten ohnehin nicht sonderlich gereizt, sodass Sie auf dieses Katz und Mausspiel gerne verzichtet haben und gleich zu den Seiten eines anderen Anbieters abgewandert sind. So elegant kleine Schrift und Links ohne Unterstreichungen in einem zusammenhängenden Text auch wirken mögen, Sie sollten trotzdem dafür sorgen, dass alle Verknüpfungen auf Ihren Seiten auch als solche erkennbar sind. Die Softwareentwickler haben sich etwas dabei gedacht, als sie eine andere Textfarbe und die unterstrichene Linie wählten, um Links besonders hervorzuheben. Ändern Sie diese Einstellung nicht ohne Not - Abermillionen Internetnutzer sind daran gewöhnt.

Rahmen

Über Rahmen gibt es die unterschiedlichsten Meinungen. Es gibt Befürworter und Gegner. Rahmen können - sparsam eingesetzt - nützlich sein aber auch störend wirken. So können Sie das Navigieren erleichtern - aber auch erschweren. Auf der anderen Seite sorgen sie wiederum dafür, dass der Kopf der Seite - mit den unerlässlichen Wegweisern und dem Firmenlogo - stets im Blickfeld bleibt. Die Gegner von Rahmen berufen sich darauf, dass einige Browser Rahmen nicht unterstützen, dass das Sichtfeld auf den eigentlichen Inhalt zu klein ist und eingeschränkt wird und es sich innerhalb eines Rahmens nur umständlich bewegen lässt. Darüber hinaus sind Rahmen schwieriger als Lesezeichen zu speichern und bei jedem Update müssen Links extra kontrolliert werden.

Auf der anderen Seite eröffnet ein Rahmen aber auch die Möglichkeit, ein stets sichtbares Inhaltsverzeichnis anzulegen. Dies ist die einzige Funktion, die ich selbst an einem Rahmen schätze. Denn egal, wohin sich ein Besucher bewegt, ein Mausklick auf die Verknüpfung im Rahmen bringt ihn stets zum gewünschten Ziel – und zurück.

Wenn Sie mit Rahmen arbeiten müssen, so benutzen Sie stets nur einen kleinen bzw. einen schmalen Rahmen am linken Rand oder als Kopfleiste, so dass auch auf einem 15 Zoll Monitor die Sicht auf den Inhalt Ihrer Hauptseite nicht eingeschränkt wird. Mehr als ein einziger Rahmen ist nutzlose Spielerei, die dem Betrachter das Lesen unnötig erschwert. Über den zweifelhaften Vorteil, dass ein Rahmen auch dann noch stehen bleibt, wenn der Surfer eine andere Domain aufruft, möchte ich nicht spekulieren.

Sorgen Sie aber auf jeden Fall dafür, dass Ihre Seite auch ohne Rahmen problemlos arbeitet, und somit auch von solchen Browsern angezeigt wird, die Rahmen tatsächlich noch nicht unterstützen. Das heißt, auch die Rahmenseite muss das volle Script der Hauptseite beinhalten und bis auf den folgenden Zusatzeintrag mit der Hauptseite identisch sein:

<FRAMESET ROWS="xxx" BORDER=xx>
 <FRAME SRC="rahmen.html" SCROLLING=YES/NO BORDERCOLOR=""
MARGINWIDTH=1 MARGINHEIGHT=1>
 <FRAME SRC="Hauptseite.htm" "Hauptseite" FRAMEBORDER=NO NORESIZE>
 </FRAMESET>
</FRAMESET>
<NOFRAMES>

In der Regel lässt sich die Größe eines Rahmens mit der Maus verändern. Wollen Sie dagegen verhindern, dass sich der Rahmen verschieben lässt so ändern Sie in dem obigen Befehl *RESIZE* in *NORESIZE*. Erlauben Sie dann aber Ihren Besuchern sich mit *SCROLLING=YES* auf Ihrer Seite zu bewegen.

Achten Sie bei Rahmen aber unbedingt darauf, dass diese auch richtig funktionieren. Angeklickte Seiten sollten sich nicht innerhalb des Rahmens öffnen, sondern im Hauptfenster. Der dazu notwendige Befehl heißt:

*<a href="http:domain/neueseite" **target="main"**>*

Unnötig zu erwähnen, dass auch alle anderen Verknüpfungen richtig funktionieren sollten. Außerdem verwenden Sie Rahmen bitte nur einmal. Das heißt: auf keinen Fall sollte sich nach einem Mausklick im Hauptfenster eine Webseite öffnen, die ihrerseits auch wieder einen Rahmen enthält. Damit hätten Sie auf dem Monitor nur ein heilloses Durcheinander angerichtet.

Noch einmal: Wenn Sie sich nach all dem Für und Wieder für Rahmen entschieden haben, setzen Sie diese sparsam ein. Decken Sie mit einem Rahmen entweder nur eine Reihe oder aber nur eine Spalte ab - keinesfalls beides. Überprüfen Sie sehr genau, ob auch tatsächlich alle Verknüpfungen ordnungsgemäß funktionieren und die angeklickten Seiten sich gut sichtbar - und ohne eigenen Rahmen - im richtigen Fenster öffnen.

Kontakt

Wie bereits oben erwähnt gehört auf jede Seite Ihre Kontaktadresse. Damit ist nicht gemeint, dass dort gut sichtbar ein nettes Bildchen mit einer Mailbox steht. Vielmehr gehört dorthin Ihr Firmennamen mit Telefon und Faxnummer und - zumindest auf der Hauptseite - Ihre Postanschrift. Einen guten Eindruck macht es, wenn Firmen nicht ausschließlich in einem Postfach wohnen.

Es spricht nichts gegen eine Animation, die zeigt, wie ein Brief in einem Briefkasten verschwindet, einkuvertiert wird, als Vogel davon fliegt oder ähnliches. Verzichten Sie aber bei allen Grafikeffekten nicht auf die herkömmliche Einrichtung, die Kontaktangaben in ganz gewöhnlichen Buchstaben zu schreiben. Vielleicht haben Sie mühsam einen 3D-Schriftzug oder eine Animation erstellt. Schreiben Sie trotzdem alles noch einmal daneben, darüber oder darunter. Funktioniert nämlich bei einigen Browsern die Grafikanzeigen nicht oder wurde diese zugunsten rascher Ladezeiten abgestellt, so bliebe Ihre Identität für immer ein Rätsel und somit auch die Möglichkeiten, bei Ihnen etwas einkaufen zu können. Der gleiche unerwünschte Effekt passiert, wenn ein Surfer es sich zu eigen gemacht hat, interessante Seiten zunächst erst einmal auf seiner Festplatte zu speichern, um diese dann später in Ruhe offline zu lesen. In solchen Fällen würde eine reine „Adressen-Grafik" nicht mitgespeichert werden und Ihre Kontaktdetails gingen für immer verloren. Ein Interessent könnte nicht einmal mehr zurückkommen, um sich die fehlenden Informationen neu zu beschaffen, denn einer gespeicherten Seite sieht man nicht an, von welcher Domain sie stammt. Und dass der verloren gegangene Kunde nur Ihrer Seiten wegen ins Internet gegangen ist und sich deshalb noch gut an die Adresse erinnern kann, ist doch eher unwahrscheinlich.

Genau aus diesem Grund gehört auf jede Seite Ihre Kontaktadresse in geschriebenen Buchstaben. Dabei sollte Ihre Emailadresse auf Mausklick schon gleich ein Emailfenster mit einer bereits ausgefüllten Betreffzeile öffnen. Dies erreichen Sie mit dem folgenden Befehl:
mailto:ihre@addresse.com?subject="Betreffzeile"

Wenn Sie gewitzt sind, verändern Sie die Betreffzeile auf jeder Seite ein wenig, so dass Sie genau erkennen können, vom wo aus der Interessent sein Email an Sie geschickt hat.

Es gibt aber auch Bastler und Internetfreaks die kreieren kunstvoll ein Formular, das sich öffnet, wenn ein Besucher eigentlich nur vorhatte, ein paar Worte zu schicken. Auf diesem Formular kann man wunderbar anklicken und ausfüllen, was sich ein Webmaster an Fragen zur Identität so alles ausgedacht hat. Firmen, die tagtäglich 500 und mehr Emails bekommen, benutzen solche Formblätter, um damit ihren Datenbestand einfacher in andere Programme übernehmen zu können. Die Felder in den Formblättern sind dann so angelegt, dass diese auf eine Datenbank abgestimmt sind und von dieser automatisch übernommen werden können. Sie aber sollten die Finger von derlei Spielereien lassen. Denn niemand möchte wirklich ein solches Blatt ausfüllen. Es ist umständlich, indiskret und zeitraubend. Außerdem erinnert es an Formblätter bei Behörden. Machen Sie Ihrem potentiellen Kunden das Leben leicht, denn Ihnen ist mit einem abgeschickten "bitte mehr Info" mehr gedient als mit einem Formblatt, das niemals abgeschickt wird.

Vor allem aber beantworten Sie alle Emailanfragen! Es existieren nicht wenige Anbieter im Internet - auch namhafte Firmen - die einfach nicht oder erst nach Tagen auf Emailanfragen reagieren. Sorgen Sie dafür, dass Ihnen nicht der zweifelhafte Ruf vorauseilt, dass Sie niemals auf Anfragen antworten.

Die Sprache
In den meisten Fällen werden Sie Ihre Seiten zunächst einmal in Deutsch erstellen. Ob Sie die Seiten auch in andere Sprachen übersetzen lassen wollen, wird sich sicherlich danach richten, wo Sie Ihre Klientel zu finden hoffen. Trotzdem ist die Sprache des Internets Englisch. Möchten Sie Interessenten über die deutschen Grenzen hinaus gewinnen, so ist es unumgänglich, dass Sie Ihre Seiten ins Englische übersetzen. Arbeiten sie weltweit, so werden Sie unter Umständen sogar auf eine deutsche Seite

ganz verzichten und Ihr gesamtes Angebot in englischer Sprache erstellen wollen. Sie dürfen dann mit Recht davon ausgehen, dass Ihre potentielle Kundschaft der englischen Sprache ebenfalls einigermaßen mächtig ist. Dies ist ohnehin Grundvoraussetzung wenn sich jemand im Internet außerhalb der nationalen Seiten bewegt.

Haben Sie aber bei der Gestaltung Ihrer Seiten keine Angst davor, nicht ganz so perfekte Sprachkenntnisse an den Tag zu legen, denn Ihr Gesprächspartner wird auch nicht perfekt sein, wenn er nicht gerade aus dem englischsprachigen Raum stammt. Doch selbst dann wird er Fehler in Ihrer Korrespondenz großzügig übersehen. Das Internet ist ein Podium der weltweiten Verständigung und kein Sprachseminar. Allerdings sollten Sie dafür sorgen, dass Ihre Internetseiten einigermaßen fehlerfrei sind. Doch eine englische Korrektur erledigen mittlerweile auch deutsche Textverarbeitungsprogramme. Darüber hinaus gibt es sicherlich jemand in Ihrer Umgebung, der den Text Ihrer Seiten für Sie übersetzt. Dabei muss es sich ja nicht gleich um einen vereidigten Übersetzer handeln, der für seine Arbeit natürlich mehr Geld fordert.

Denken Sie aber auch daran, dass Beschreibungen und Suchbegriffe in den MetaTags ebenfalls in englischer Sprache geschrieben sein sollten. Zwar wird eine englischsprachige Suchmaschinen auch deutsche Beschreibungen auslesen und veröffentlichen, doch stellt sich die Frage, was zwischen all den anderen englischen Beschreibungen und Stichwörtern Ihre deutsche Erklärung verloren hat, und wer diese lesen und verstehen soll. Darüber hinaus werden deutsche Suchbegriffe in solchen Suchmaschinen sowieso niemals abgefragt werden.

Wollen Sie Ihre Kunden dagegen nur auf dem deutschen Markt finden, so können Sie sich unbesorgt ausschließlich auf die deutsche Sprache konzentrieren. Bedenken Sie aber, dass es mit keinen Zusatzkosten verbunden ist, die eine oder andere Seite auch in englischer Sprache ins Internet zu stellen und durch einen Link mit Ihren anderen Seiten zu verbinden. Es hieße einfach, die weltweiten Möglichkeiten des Internets zu ignorieren, sich nicht dem internationalen Publikum vorzustellen.

Updates

Wenn auf einer Internetseite nichts mehr passiert, keine Informationen angepasst werden und veraltete Fakten von dem Desinteresse des Betreibers zeugen, ist eine solche Seite ausgebrannt. Dies gilt ganz besonders dann, wenn Ihr Angebot mittlerweile veraltet, weil saisonabhängig ist. Preise von letzten Jahr oder Winterkleidung im Hochsommer, Gartenstühle, wenn draußen Schnee fällt und Sonderaktion zum fünften Jahrestag der Deutschen Einheit riechen nach Muff und einer meterhohen Staubschicht.

Halten Sie Ihre Seiten auf dem laufenden. Werden Sie auch nicht müde, Ihren Internetauftritt ständig zu verbessern und interessanter zu gestalten. Sind Ihre Seiten interessant und können sich Ihre Besucher darauf verlassen, dass sich der Inhalt laufend verändert, werden sie in regelmäßigen Abständen wiederkommen, um zu sehen, was es neues gibt.

Wir werden weiter unten sehen, was Sie noch anstellen können, um Besucher zur Wiederkehr zu bewegen. Das sollte Sie allerdings nicht davon abhalten auch Ihre regulären Seiten ständig zu verbessern. Achten Sie darauf, was Ihnen Ihre Besucher schreiben. Daran werden Sie schon bald erkennen, wo Sie mit Ihren Verbesserungen ansetzen können. Legen Sie sich eine Liste an, auf der Sie die Fragen und Verbesserungsvorschläge Ihres Publikums notieren. Wenn Sie eine solche Liste auswerten, ergeben sich Verbesserungen beinahe zwangsläufig.

Wie oft sollten Sie denn nun Ihre Seiten überarbeiten? Es gibt durchaus Fanatiker, die der Ansicht sind, dass Updates jede Woche zu erfolgen haben. Abgesehen davon, dass Sie wahrscheinlich kaum die Zeit haben werden, sich ausschließlich mit dem Internet zu befassen, sollten Sie den wenigen Besuchern der Anfangstage ruhig Gelegenheit geben, sich an Ihre Arbeit erst einmal zu gewöhnen. Ein Update alle zwei oder drei Monate tut es nämlich auch. Darüber hinaus verändern Sie Ihre Seiten, wenn Sie es für angebracht halten und Sie tatsächlich etwas Neues zu berichten haben.

Dabei sollte Ihr Update immer mehr dem Inhalt als dem Aussehen der Seiten gelten. Hüten Sie sich davor, vor lauter Arbeitseifer und Begeisterung, laufend Ihren Stil verbessern zu wollen. Nicht selten hat ein Webmaster im Übereifer ganz passable Seiten in ein Panoptikum verwandelt. Schließlich sollte man Ihre Seiten wenigstens an einer gleichbleibenden Form wiedererkennen. Beschränken Sie stilistische Neuerungen also auf reale Verbesserungen und setzen Sie diese niemals zum Selbstzweck ein – oder noch schlimmer: als Ersatz für neue Informationen.

Auch wenn sie sich ganz sicher sind, sollten Sie nach jedem Update - wie ein jeder guter Pilot - folgende Checkliste abarbeiten:
1. Funktionieren meine Links noch? (Bitte auf dem Server testen)
2. Erscheinen alle meine Bilder oder tauchen vereinzelt graue Rechtecke auf? (Auf dem Server testen)
3. Stimmt Grammatik und Rechtschreibung?
4. Ist die Kontaktadresse vorhanden und funktionieren die Email-Verknüpfungen?
5. Sind auf jeder Seite Metatags gesetzt?
6. Ist die Downloadzeit akzeptabel oder arbeite ich mit zu großen Dateien oder benutze ich zu voluminöse Bilddateien?
7. Wie sieht meine Arbeit mit – wenigstens zwei - unterschiedlichen Browsern aus?
8. Lässt sich meine Schrift gut lesen und ist der Inhalt verständlich?
9. Wie würde ein Außenstehender meine Arbeit betrachten und was würde ihn daran interessieren, stören oder gar abstoßen?

Der Verkauf

Soll Ihre Internetseite für Ihre Firma, Ihr Produkt oder Ihren Service nur werben oder wollen Sie über das Internet auch verkaufen? Wenn Sie Industrieprodukte anbieten, können Sie diese Frage recht einfach mit „nein" beantworten. Wenden Sie sich dagegen an Endverbraucher werden Sie wahrscheinlich gleich verkaufen wollen.

Allerdings dadurch, dass im Internet sehr viel kostenlos angeboten wird erwartet ein

Kunde von einem Internetangebot, dass es billiger ist als im Laden. Ein Kunde erhofft sich – wie immer - ein kleines Wunder und je mehr sich Ihr Angebot dieser Erwartungshaltung annähert, desto einfacher wird es Ihnen fallen, Käufer für Ihr Produkt zu finden. Um Käufer zu bewegen, bei Ihnen online zu bestellen, sollten Sie sich zunächst folgende Fragen beantworten: Habe ich etwas anzubieten, das einen Kunden davon überzeugen könnte, jetzt und hier bei mir über das Internet zu bestellen?

Durch das Internet betreten Sie den Weltmarkt. Sie erreichen über das Internet Menschen überall auf dieser Welt. Das heißt auf der anderen Seite aber auch, dass Bestellungen nicht unbedingt nur aus Deutschland kommen werden. Sie müssen sich darüber klar werden, dass Ihr Produkt - sofern es sich nicht um Information oder Software handelt, die sich über das Internet herunterladen lässt - versandt werden muss und dass diese Dienstleistung nicht frei von Kosten ist. Trotz dieser Transportkosten muss Ihr Produkt im preislichen Wettbewerb aber nicht nur bestehen, sondern wenn möglich auch noch Mitbewerber aus dem Feld schlagen.

Wird es für Sie schwierig, Preisvorteile zu gewähren, hilft es Ihnen vielleicht, dem Kunden andere Vorteile anzubieten. Ein günstiges Angebot muss sich nicht immer über den Preis definieren. Überlegen Sie sich also mit welcher einzigartigen Zusatzleistung Sie sich von Ihrer Konkurrenz abheben und womit Sie Ihre Kunden überraschen können. Am leichtesten werden Sie die Antwort finden, wenn Sie ein Produkt anbieten, das Mangelware ist oder das Sie zu unschlagbaren Konditionen liefern können. Aber es gibt noch andere Möglichkeiten, sich von der Konkurrenz zu unterscheiden. Können Sie eine längere oder umfangreichere Garantie anbieten? Ist Ihr Service besser als der Ihrer Mitbewerber? Gibt es bei Ihnen einen Bonus, ein kostenloses Zusatzprodukt, raschere oder gar kostenlose Lieferung? Klopfen Sie Ihr Angebot daraufhin ab, ob dieses in einem oder in mehreren Punkten das der Konkurrenz schlägt.

Sie können das Internet benutzen, um den Kunden spielerisch zur Mitarbeit zu bewegen. Provozieren Sie seinen Spieltrieb, binden Sie ihn in den Produktionsprozess ein und geben Sie ihm die Gelegenheit, an der individuellen Gestaltung des Produktes mitzuwirken. Zum Beispiel können Sie den Kunden über mehrere Eingabemasken sein eigenes Produkt nach Maß kreieren lassen. Auf diese Weise zeigen Sie ihm, dass Sie ihn ernst nehmen. In der Autoindustrie, wo sich aus Zubehör das Fahrzeug zusammenstellen und auf dem Monitor betrachten lässt, ist diese Idee bereits in die Praxis umgesetzt. Das gleiche funktioniert auch in der Bekleidungsbranche, wo sich Kleidungsstücke "Maß schneidern" lassen. Derartige Verkaufserlebnisse schmeicheln nicht nur dem Spieltrieb, sondern steigern auch die Vorfreude. Braucht Ihr Kunde Betreuung oder Ihr Produkt einen Beraterservice, so gewähren Sie diesen über das Internet. Wie wäre es mit einer Rund-um-die-Uhr-Betreuung durch das Internet? Finden Sie das passende für Ihre Branche heraus und kultivieren Sie es!

Versetzen Sie sich immer in die Lage Ihres Kunden. Dann sollte es Ihnen auch möglich sein, Zweifel nachzuempfinden, die ihn von einem Kaufabschluss noch abhalten könnten. Vielleicht liegen die Hinderungsgründe gar nicht einmal bei Ihrem Produkt oder Ihrem Service, sondern in anderen Dingen begründet - in Begleiterscheinung, die der Kunde gern vermeiden möchte. Denken Sie an einen Versender von Sex-Artikeln, der sicherlich Konkurs anmelden müsste, wenn er in seinem Angebot nicht zusichern würde, seine Artikel in neutraler Verpackung zu versenden. Hier würde ein Sekundärvorbehalt den Kauf scheitern lassen, auch wenn der Preis und das Angebot akzeptiert worden wären. Ähnliche Hindernisse könnten auch Ihrem Geschäft zum Verhängnis werden. Überlegen Sie welche Vorurteile Ihrem Produkt oder Ihrem Service anhaften und versuchen Sie schon im Vorfeld mögliche Probleme aus der Welt zu schaffen, die den Kunden von einer Kaufentscheidung abhalten könnten.

Wenn ein Interessent Ihr Produkt mag, so liefern Sie ihm auch einen zwingenden Grund, um im Internet bei Ihnen zu kaufen! Ein Kaufentschluss findet immer auf zwei Ebenen statt: auf der emotionalen und der rationalen. Selbst dann, wenn ein Kunde Ihr Produkt gefühlsmäßig eigentlich gern haben möchte, sollten Sie auch seinem Verstand mindestens ein triftiges rationales Argument liefern, warum er sich jetzt für Ihr Angebot entscheiden sollte. Bieten Sie eine spezielle Vergünstigung an, eine Zugabe, einen Rabatt oder einen bevorzugten Service, wenn der Kunde sich gleich hier im Internet entscheidet. Mit rationalen Argumenten erleichtern Sie ihm die Entscheidung, die er gefühlsmäßig schon längst getroffen hat und präsentieren ihm außerdem eine Rechtfertigung für seine Geldausgabe.

Haben Sie eine größere Auswahl an Produkten zu verkaufen, so installieren Sie einen Warenkorb. Ihr Provider sollte Ihnen dies anbieten können.. Anderenfalls kann es Ihnen passieren, dass die eine oder andere Bestellung vom Kunden zurückgestellt und dann vergessen wird, weil der Kunde es leid geworden ist, ständig vor und zurück zu blättern.

Nachdem Sie auf diese Weise alle Hürden abgebaut haben, fordern Sie Ihren Kunden zu einer Entscheidung heraus. Machen Sie es ihm aber einfach, indem Sie mehrere Möglichkeiten zur Auswahl anbieten - außer der einen: reaktionslos zur Tagesordnung überzugehen. Wie bei einem guten Vertreter muss Ihre Frage nicht lauten: Wollen Sie das? Sondern: Welches von den beiden darf es sein? Ringen Sie eine Reaktion bzw. eine Antwort auf Ihr Email ab. Falls Sie Ihr Produkt nicht gleich verkaufen können, so bieten Sie kostenlos weiterführendes Material an oder bewegen Sie den Besucher dazu, sich wenigstens in Ihre Mailingliste einzutragen.

Bleibt Ihnen nur, Werbematerial anzubieten, so machen Sie aus Ihrer Verkaufbroschüre einen „kostenlosen Leitfaden", der - wie zuvor besprochen - die Probleme des Kunden löst. So wird ein Titel „Wie Sie mit geringem Aufwand Energiekosten sparen" eher angefordert werden als ein „Katalog über moderne Heizungen". „10 Wege zu den eigenen vier Wänden für jedermann" ist attraktiver als „Broschüre über den Bausparvertrag". Dies klappt aber auch in anderen Bereichen: so referiert niemand über die Inhaltsstoffe einer Kosmetikcreme – der Slogan heißt richtig: „Wie Sie übernacht zehn Jahre jünger wirken". Sie haben die Idee, die dahinter steckt verstanden?

Forcieren Sie den Verkauf durch das Internet - falls Ihr Angebot dies zulässt. Tun Sie dies nicht nur, um eines einmaligen Geschäftes willen, sondern vor allem auch, weil Sie den Kunden mit dem Kauf durch das Internet an sich binden. Er wird das nächste Mal lieber bei einer Firma bestellen, mit der er bereits gute Erfahrungen gemacht hat. Außerdem ist Ihr Angebot auf Knopfdruck bei dem Kunden im Wohnzimmer. Und nicht zuletzt: spart Ihnen der Verkauf über das Internet Aufwand und Personal.

Das Internet hat allerdings auch Nachteile. Einer davon ist, dass Ihre Kunden die Produkte nicht leibhaftig sehen und berühren können. Möchten Sie also über das Internet verkaufen, so ist es unabdingbar, dass Sie dem Kunden eine uneingeschränkte Rücknahmegarantie für einen ausreichenden Zeitraum einräumen. Obwohl dies in Deutschland beim Versandgeschäft ohnehin gesetzlich geregelt ist, sollten Sie Ihre Kunden im Ausland nicht schlechter behandeln. Vermitteln Sie dem Kunden wie leicht es ist, das Produkt bei Nichtgefallen wieder zurückzugeben – aber kalkulieren Sie die für Sie damit verbundenen Aufwendungen bei Ihrer Preisgestaltung mit ein.

Eine weitere Hemmschwelle ist, dass viele Kunden vom Internet nichts Gutes erwarten, wenn es darum geht, Geld dorthin zu tragen. Hinz und Kunz können leicht eine Seite online stellen und vorgaukeln Millionengeschäfte abzuwickeln, während sie stattdessen zu Hause im Pyjama auf der Bettkante sitzen und vom großen Geschäft nur träumen und hoffen, dass der Datenstrom schneller ist als die Post, die eines nahen Tages wegen Zahlungsverzug die Telefonleitungen kappen wird. Außerdem: ist das Internet nicht auch die Einrichtung, über die soviel unseriöse Junkmails kommen? Und da soll man jetzt sein Geld hinschicken?!

Wirken Sie dieser Einstellung entgegen! Immer wiederholt und hier noch einmal mit Nachdruck gefordert: Auf Ihre Seiten gehört eine ordentliche und ausführliche Adresse, die vermittelt, dass Ihre Firma nicht am Küchentisch endet. Kostenlose Emailadressen wie „gmx", „usa.net", „yahoo.net" und wie sie alle heißen, haben im geschäftlichen Bereich nichts zu suchen. Mittlerweile weiß jeder, wie rasch solche Emailkonten eröffnet und wieder geschlossen werden. Bieten Sie neben der Zahlung durch die Kreditkarte auch Vorauszahlung an - nur um zu zeigen, dass Ihre Firme auch über ein ordentliches Firmenkonto verfügt, das nicht unbedingt ein Postscheckkonto sein sollte. Arbeiten Sie darüber hinaus mit Testimonials: Fragen Sie Ihre zufriedenen Kunden, ob diese Ihnen ein kleines Dankesschreiben schicken könnten, das Sie dann mit vollem Namen im Internet veröffentlichen. Wenn Sie von neuen Kunden Geld wollen, sind solche Verkaufshilfen unverzichtbar.

Die Bezahlung wird in den meisten Fällen noch mit der Kreditkarte erfolgen müssen, deren Daten der Kunde über das Internet verschickt. Arbeiten Sie mit einem Unternehmen zusammen, das sowohl Erfahrung mit der Kreditkartenabrechnung hat als auch über einen guten Namen verfügt. Der Anbieter eines solchen Services verlangt in der Regel einen minimalen Prozentsatz der Abrechnungssumme. In ein renommiertes Unternehmen investiert zahlt sich dieser Betrag auf jeden Fall für Sie aus. Auf den Internetseiten einer solchen Firma sollten die Sicherheitseinrichtungen des Services genau erklärt sein. Übernehmen Sie diese Erklärungen auf Ihre eigenen Seiten damit Ihre Kunden es lesen können. Der Zahlungsvorgang muss auf einer speziell abgesicherten Internetseite stattfinden, die - je nach Browser - mit einem geschlossenen goldenen Schloss gekennzeichnet ist. Vergessen Sie nicht: Die Medien sind voll mit Geschichten, wie im Internet vertrauliche Daten missbraucht, Bankkonten gehackt und Unsummen unautorisiert von Kreditkartenkonten abgebucht werden. Dies sollte Sie jedoch nicht davon abhalten, auf die Bezahlung durch Kreditkarte zu setzen - zumindest solange bis es ein besseres System gibt. Im übrigen werden Kreditkartendaten im Internet kaum einem größeren Risiko ausgesetzt, als in einem Restaurant, wo die Karte vertrauensvoll auf das Tablett des Kellners gelegt wird und dieser damit hinter dem Tresen oder in den rückwärtigen Büroräumen verschwindet.

Wenn ein Kunde schließlich seine Bestellung bei Ihnen aufgegeben und mit Kreditkarte bezahlt hat, werden Sie sich sofort mit einem Email dafür bedanken. Lassen Sie den Kunden aber auch danach an dem Transportweg der Ware teilhaben, indem Sie ihn ausreichend darüber informieren, wie die bestellten Güter zu ihm gelangen. Ganz sicher haben Sie auf der Bestellseite bereits erwähnt, wie unkompliziert und rasch der Transport vonstatten geht und welcher renommierten Firma (UPS, Fedex usw.) Sie sich dabei bedienen.

Suchmaschinen

Suchmaschinen sorgen dafür, dass Surfer sich im Internet zurechtfinden. So haben Besucher, die über Suchmaschinen auf Ihren Seiten landen, Ihr Angebot gezielt gesucht. Das ist der Grund dafür, dass diese Ihre wichtigste Klientel stellen wird, da sie doch explizit nach Ihrem Angebot Ausschau gehalten haben - im Gegensatz zu denen, die mehr oder weniger zufällig auf Ihre Seiten stoßen.

Reden wir von Suchmaschinen, spielen eigentlich nur die größten unter ihnen eine wirklich entscheidende Rolle, denn diese „Branchenführer" befördern etwa neunzig Prozent des späteren Besucherstroms, der von Suchmaschinen zu Ihnen gelangt.

Die wichtigsten deutschen Suchmaschinen sind:

Aladin	http://www.aladin.de
Allesklar	http://www.allesklar.de
Altavista	http://www.altavista.de
Crawler	http://www.crawler.de
Dino-Online	http://www.dino-online.de
Eule	http://eule.de
Excite	http://www.excite.de
Fireball	http://www.fireball.de
Infoseek	http://www.infoseek.de
Lotse	http://www.lotse.de
Lycos	http://www.lycos.de
Nathan	http://www.nathan.de
Sharelook	http://sharelook.de
Web.de	http://www.web.de
Yahoo	http://www.yahoo.de

Die großen internationalen Suchmaschinen sind:

Alta Vista	http://www.altavista.com
Excite	http://www.excite.com
Hotbot	http://hotbot.com
Infoseek	http://www.infoseek.com
Lycos	http://www.lycos.com
Magellan	http://mallegan.com
Webcrawler	http://www.webcrawler.com
Yahoo	http://www.yahoo.com

Ungeachtet aller unten empfohlener Erleichterungen sollten Sie sich die Mühe machen und die Eingabemasken dieser „Institutionen" unter den Suchmaschinen in Handarbeit ausfüllen. Für alle anderen können Sie den Anmeldeprozess mit ruhigem Gewissen automatisieren.

Dabei ist Ihre eigene Eingabe nur die eine Hälfte des Anmelde-Prozesses. Denn nach Ihrem Besuch schicken die Suchmaschinen spionierende Roboter zu Ihren Seiten, um Ihre Angaben zu überprüfen und zu vervollständigen. Erst anhand dessen, was diese Roboter herausfinden, entscheidet sich, in welcher Rubrik Ihre Seiten erscheinen und mit welcher Priorität diese eingetragen werden. Kommen sie unter die ersten 50 auf die ersten Seiten der Ergebnislisten oder ganz hinten nach einigen Tausend anderen – dorthin, wo auch der geduldigste Surfer bereits alle Neugier verloren hat? Dies und ob Ihr Eintrag überhaupt aufgenommen wird, können Sie mit der richtigen Technik beeinflussen. Nachfolgend finden Sie einige Tipps, wie Sie die Spione der Suchmaschinen austricksen können und Hinweise welche Fehler Sie vermeiden sollten.

Ein paar Tricks vorweg

Am Anfang eines jeden Suchmaschineneintrags, steht die Arbeit an Ihren eigenen Seiten. Dabei gehen wir davon aus, dass Sie Ihre Sachgebiete fein säuberlich getrennt und auf unterschiedliche Seiten gepackt haben und sich nicht alles auf einer einzigen Seite drängt.

Doch eigentlich geht es schon viel früher los, denn auch bei der Entscheidung für Ihren Domainnamen sollten Sie schon die Suchmaschinen berücksichtigt haben. Wenn Sie geschickt gewählt haben, so wird Ihr Domainname etwas über Ihr Angebot aussagen. Kommt eines Ihrer Stichworte, die Sie bei den Suchmaschinen anmelden werden schon in Ihrem Domainnamen vor, haben Sie eine gute Ausgangsposition. Elektro-reparatur-service.de, meeresfisch-import.de oder anlageberatungs-treuhand.de sind Beispiele, bei denen sogar mehrere Suchbegriffe in der Domainbezeichnung auftauchen. International sieht das dann so aus: seafood-import.com, international-food-trading.com, trust-accountant.net. Etliche Suchmaschinen nehmen solche Namensgebungen wichtig.

Darüber hinaus verhilft es zu einer besseren Position in den Suchmaschinen, wenn Sie Ihre Dateien in aussagekräftige Unterverzeichnisse stellen. So wird eine Internetadresse mit dem Namen „http://www.investment.com/capital/fonds.html" sicher höher bewertet werden als eine Adresse „http://berater-klee.com/index.html". Achten Sie aber darauf, dass in jedem Verzeichnis trotzdem auch eine „index.html" steht, da sonst bei Eingabe

des nackten Domainnamens nur der Verzeichnisbaum Ihres Servers erscheint. Auf unseren Servern gibt es immer ein Doppel der Startseite – einmal gibt es sie mit einem aussagekräftigen Namen für die Suchmaschinen und ein zweites Mal als „index.html".
Als nächstes sorgen Sie für einen aussagekräftigen Titel im Kopf Ihrer Seite. Er sollte ebenfalls etwas über Ihr Angebot aussagen und zumindest einen Ihrer Suchbegriffe enthalten.
Sein Platz ist zwischen *<head><title>hier steht der Seitentitel</title></head>*.
(An dieser Stelle stehen dann noch andere Angaben, die wir in dem Kapitel über Metatags noch ausführlich besprechen werden.) Erstaunlicherweise gibt es im Internet aber immer noch unzählige Seiten, die auf jeglichen Titel verzichten.

Aber auch bei der Gestaltung Ihrer Seiten sind Sie noch nicht aus der Pflicht entlassen, auf die Suchmaschinen Rücksicht zu nehmen. Die von Ihnen in die Formulare der Suchmaschinen einzutragenden Stichworte sollten auf jeden Fall im ersten Drittel des Textes so oft wiederholt werden, wie dies möglich ist, ohne dabei den Stil der Seite zu zerstören oder deren Inhalt ins Groteske zu verkehren. Dabei zählen Suchbegriffe in Tabellen und in Grafiken (außer in Alt-Tags) genauso wenig wie die in Rahmen.

Fett gedruckte Überschriften beeindrucken mehr als gewöhnlicher Text. Dabei interessieren sich Suchmaschine weniger für Fonts als für Überschriften-Tags. Ihre Überschriften müssen also eingerahmt sein von *<H1>"Überschrift"</H1>* oder von *<H2></H2>, <H3> </H3>* usw. - je nach Rangordnung. Je kleiner die Zahl hinter dem „*H*", desto hochrangiger die Überschrift, desto größer die Buchstaben und desto aussagekräftiger ist der Text für die Suchmaschinen.

Wenn Sie die Ratschläge in jedem Abschnitt beherzigt und Ihre Seiten daraufhin kontrolliert haben, sind Sie einigermaßen sicher, die meisten Kriterien der unterschiedlichsten Suchmaschinen berücksichtigt zu haben, denn nicht alle Maschinen werten Ihre Seiten nach dem gleichen Schema aus. Während eine sich nur um die Metatags kümmert, interessiert sich eine andere für Ihren Seitentext und eine dritte will wissen, wie Ihre Dateien heißen. Manche wollen mehrere Attribute gleichzeitig sehen. Aber da Sie auf alles geachtet haben, befinden Sie sich auf der sicheren Seite.

Suchbegriffe (Keywords)

Suchbegriffe sind das wichtigste, was Sie Suchmaschinen mitteilen müssen. Die Suchbegriffe entscheiden darüber, ob die richtige Zielgruppe Ihre Seiten findet oder ein Haufen Verlaufener diese rasch wieder verlassen wird. Daher ist es unabdingbar, dass Sie die passenden Begriffe auswählen. Wenn Sie zum Beispiel Kraftwerke verkaufen und nehmen als Suchbegriffe: „Elektrik" und „Strom" werden Sie sicherlich die falsche Klientel ansprechen oder zumindest einen gehörigen Streuverlust erleben. Mit „Generator" und „Elektrizitätswerk" am Anfang Ihrer Suchwortliste sind Sie dann wahrscheinlich besser bedient.

Investieren Sie ein wenig Zeit und machen Sie sich Gedanken, unter welchen Stichworten potentielle Kunden nach Ihrem Angebot suchen könnten. Bleiben Sie dabei aber sachbezogen und vermeiden Sie Effekthascherei. Seien Sie nicht albern und glauben Sie ja nicht, dass Sie auch nur einen einzigen Kunden aus dem „Sexlager" dazu gewinnen, weil Sie finden, Ihr Produkt sähe so sexy aus, dass das Wort "Sex" in die Liste der Suchbegriffe gehöre. Bleiben Sie präzise und bei den Tatsachen und riskieren Sie nicht, mit Ihrem Eintrag aus einigen Suchmaschinen verbannt zu werden.

Setzen Sie sich hin und erstellen Sie eine Liste mit allen Stichworten, die auf Ihre Seiten zutreffen und die Ihnen zu Ihrer Branche einfallen. Lassen Sie sich dabei Zeit! Fragen Sie Ihre Freunde und Ihre Familie, was denen zu Ihrer Firma einfällt. Versuchen Sie nach einigen Tagen, das Ergebnis nach der Wichtigkeit der Worte zu sortieren. Denn auch die Reihenfolge der Suchwörter spielt eine entscheidende Rolle, so dass Sie die Begriffe nach deren Wichtigkeit und nicht etwa alphabetisch ordnen sollte.

Bemühen Sie sich um zusammengesetzte Begriffe, wie zum Beispiel „elektrisch betriebenes Wasserrad", „naturbelassenes Weißbrot", „eierlegende Wollmilchsau" usw. Verkaufen Sie Gartengeräte so sollte nicht nur „Rasenmäher" sondern auch „handbetriebener Rasenmäher" und „elektrischer Rasenmäher" als Suchbegriffe herhalten. Studien haben ergeben, dass derart präzise Begriffsbestimmungen größere Chancen haben als einzelne Worte. Je nach Suchmaschine darf die Liste Ihrer Suchbegriffe einige hundert Zeichen lang sein. Trennen Sie Begriff durch Komma. Auf ein Leerzeichen nach dem Komma dürfen Sie verzichten. Sie sparen dadurch Platz.

Machen Sie den Test und geben Sie Ihre Begriffe in die Suchmaske einiger großer Suchmaschinen ein und schauen Sie sich das Resultat an. Welche Seiten erscheinen ganz oben auf der Ergebnisliste? Haben die etwas mit Ihrem Angebot zu tun? Wenn Sie bei diesem Test auf Ihre Konkurrenz stoßen, so scheinen Sie mit Ihren Suchworten einigermaßen richtig zu liegen.

Analysieren Sie, wie es konkurrierende Unternehmen geschafft haben, ganz oben in den Suchmaschinen zu erscheinen. Mit einem Mausklick zeigt Ihnen heutzutage jeder Browser den Quellcode einer Seite an. Oder kopieren Sie die Seite einfach auf Ihre Festplatte und werten Sie diese später aus. Wie sehen die Metatags aus? (Lesen Sie zu diesem Thema den folgenden Abschnitt). Achten Sie auf die Reihenfolge der Suchbegriffe. Sollte sich diese Anordnung bei Seiten anderer Anbieter wiederholen, so ist es sicherlich nicht die schlechteste Idee, Begriffe und Sortierung zu kopieren.

Betrachten Sie sich aber auch den oberen Abschnitt der Seite. Wie oft wiederholen sich die Suchbegriffe im Text? Sind Bilder mit Erklärungen (Alt-Tags) unterlegt und beinhalten diese ebenfalls Suchbegriffe? Überlegen Sie sich aber auch, welche Rolle die Domain und der Dateiname spielen könnte, dass ausgerechnet diese Seiten ganz vorne stehen. Analysieren Sie alle Details und lernen Sie von anderen, bevor Sie Ihre eigenen Seiten bei den Suchmaschinen anmelden. Es ist einfacher, Seiten von Anfang an richtig zu platzieren, als begangene Fehler im nachhinein korrigieren zu wollen.

Metatags

Sie haben dafür gesorgt, dass Text, Titel, Überschrift und wenn möglich auch noch der Dateiname aussagekräftig auf den Inhalt Ihrer Seiten hinweisen, und dabei soviel von Ihren wichtigen Suchbegriffen enthalten wie dies möglich ist, ohne störend zu wirken oder den Inhalt zu verfälschen? Gut! Bevor wir uns jetzt aber über Metatags unterhalten, sorgen Sie noch dafür, dass Ihre Seiten nicht mit Animationen, Java-Scripts oder ähnlichem beginnen, denn einige Suchmaschinen scheren sich einen Dreck um Metatags, sondern lesen stattdessen lieber die obersten Zeilen von Webseiten aus. Ich vermute einmal, dass ein Java-Script nicht unbedingt das ist, was Sie als Erklärung Ihrer Seiten auf den Suchmaschinen wiederfinden wollen. Beginnt Ihre Seite mit einem Bild oder einer Animation, so packen Sie möglichst viele Suchworte und Erklärungen in „Alt-Tags".

Nachdem wir nun wissen, dass nicht für alle Suchmaschinen die gleichen Kriterien gelten, lassen Sie uns die Sache mit den Metatags in Angriff nehmen. Denn die meisten Suchmaschinen interessieren sich nach wie vor dafür, dass da am Anfang Ihrer Seiten zwischen den beiden Einträgen *<head>* und *</head>*- für jeden Besucher unsichtbar - folgender Code steht:

*<meta "Description" content="*Inhaltsbeschreibung*">*
<meta "Keywords" content=" Suchbegriffe absteigend nach Wichtigkeit geordnet und durch Kommata voneinander getrennt*">*
*<title>*Der Titel der jeweiligen Seite (bitte kurz und aussagekräftig)*</title>*
<meta "Author" content=" Verfasser (am besten Ihr Firmennamen) *">*
Nützlich aber nicht unabdingbar sind folgende Metatags, die Sie wahlweise hinzufügen können:
<meta "robots" content="index, follow"> bei diesem Eintrag, verfolgt die Suchmaschine, selbständig alle Seiten, die miteinander verknüpft sind. Bei den Links sollten Sie aber darauf achten, dass neben Bilder und Icons auch Text zu den Folgeseiten führt, denn Bilder werden von den Suchmaschinen nicht als Wegweiser verstanden.
*<meta "page-topic" Content="*geben Sie hier an, welcher Rubrik Sie Ihre Seiten zugeordnet sehen wollen*">* *<meta "page-type" Content="* Geben Sie hier an, welcher Art Ihre Seiten sind: z.B. Information, Newsletter, Software usw.*">*

Heutzutage unterstützen die meisten Programme, mit denen Sie Webseiten erstellen können, die Eingabe der wichtigsten Metatags. Dazu müssen Sie nur noch die Begriffe in die jeweiligen Rubriken oder Masken eintragen. Allerdings werden nicht immer alle Möglichkeiten angeboten. Daher bleibt es Ihnen nicht erspart, Ihre Seiten mit einem Texteditor nach zu bearbeiten.

Wir reden hier nur über die wichtigsten Metatags. Interessieren Sie sich für weitere Möglichkeiten, zum Beispiel wie man es anstellt, dass die Seite nicht im Browser Cache gespeichert wird, oder sich nach einer kurzen Pause frisch aufbaut oder zu einer anderen Seite weiterschaltet oder ähnliches, dann finden Sie im Internet reichlich Information über die verschiedenen Befehle. Für Ihre Werbung hat dies allerdings keinerlei Bedeutung. Außerdem wollen wir uns mit diesem Buch nur darauf konzentrieren, wie wir Ihre Seiten populär machen können. So halte ich manches, was machbar ist für Spielerei und sogar für schädlich, wenn es darum geht, Kunden zu gewinnen.
Darunter fällt auch der Trick, eigens Seiten anzufertigen, die nichts weiter als Informationen für die Suchmaschinen enthalten. Da steht dann außer Beschreibungen und Suchwörter nichts vernünftiges drin. Für Besucher wird eine kurze nutzlose Begrüßung aufgebaut aber erst über einen Link gelangt er schließlich auf die eigentliche Hauptseite oder wird mit folgendem Metatag automatisch weitergeleitet:
*<meta http-equiv="refresh" content="*nächsteSeite.html*">*

Ich rate von solchen Methoden nachdrücklich ab. Eine ordentlich nach unseren neuen Erkenntnissen aufgebaute Seite sollte ihren Zweck erfüllen, ohne dass wir Besucher mit zeitraubenden und Kosten verursachenden Umleitungen ärgern müssen.

Die Arbeit mit den Suchmaschinen und einiges mehr

Im Internet gibt es einige hundert Suchmaschinen, bei denen Sie Ihre Internetadresse registrieren sollten. Die meisten von ihnen sind in englischer Sprache und werden weltweit genutzt. Jeden Tag werden Hunderttausende oder gar Millionen neue Seiten ins Internet gestellt und eben so viele verschwinden wieder daraus. Genauso vergrößert sich die Anzahl der Suchmaschinen ständig – kommen neue hinzu und verändern sich andere. Wegen dieser Fluktuation stimmen nach einer gewissen Zeit viele Adressen, Eintragungen und Links nicht mehr.

Bei den zuvor genannten wichtigen Suchmaschinen, sollten Sie auf eine manuelle Eintragung nicht verzichten. Dies geht recht einfach, da Sie mit einer ausgeklügelten Hilfe angeleitet werden. Bei der Anmeldung tragen Sie Ihre Angaben exakt in die richtige Rubrik ein und stellen damit sicher, dass jede Eingabe den Kriterien der jeweiligen Suchmaschine gerecht wird. Neben dem Vorteil, die korrekten und vollständigen Angaben in der richtigen Stelle zu platzieren, bestimmen Sie aus einer umfangreichen Auswahl unter welchen Rubriken Ihr Eintrag erscheinen soll. Schauen Sie sich Yahoo an, und Sie sehen, was ich meine. Einigen Suchmaschinen reicht es dagegen völlig aus, Ihre Domain zu kennen. Alle weiteren Angaben besorgen diese sich selbst von Ihren Seiten. So wird sich der Aufwand, sich bei zehn oder zwanzig wichtigen Suchmaschinen manuell zu registrieren, in Grenzen halten. Im Vergleich dazu nimmt sich jede Software, die diese Aufgabe für Sie erledigen soll, aus wie ein Schrotgewehr neben einer Präzisionswaffe. Denn die zahlreichen Suchmaschinen des Internets sind dermaßen unterschiedlich, dass Automatisierung nur ein Kompromiss auf dem größten gemeinsamen Nenner sein kann. Denken Sie aber auch daran, dass Serviceunternehmen, die diese Arbeit für Sie erledigen wollen, kaum besser sind und sich nicht selten auch solcher Software bedienen.

Nachdem wir aber festgestellt haben, dass 90 Prozent aller Ihrer Besucher von den großen und bekannten Suchmaschinen kommen, verteilen sich die restlichen 10 Prozent, auf einige hundert Suchmaschinen. Dort können Sie dann Ihren Eintrag getrost automatisieren oder aber einem Serviceunternehmen überlassen.

Serviceunternehmen

Wenn Sie – wie angeraten - international auftreten wollen, sehen Sie sich leicht mit 300 Suchmaschinen konfrontiert, die darauf warten, Ihre Anmeldung entgegen zu nehmen. Es würde Tage dauern, alle per Hand bedienen zu wollen. Im Internet gibt es aber Firmen, die Ihnen diese Arbeit gegen eine bescheidene Gebühr abnehmen. Vielleicht bietet Ihnen sogar Ihr Provider einen solchen Service an. Nachfolgend nenne ich Ihnen einige Adressen von Firmen, die auf diesen Service spezialisiert sind. Allerdings ist die Liste nicht komplett und ich kann auch keine Empfehlung aussprechen. Schauen Sie sich die Seiten der einzelnen Unternehmen selbst an und entscheiden Sie, mit wem Sie es versuchen wollen:

Hier sind ein paar Anbieter in alphabetischer Reihenfolge:

123 Promote	http://www.123promote.com/
1605 Webpage Submission	http://worldentre.com/engsub.htm
Addme	http://www.addme.com/
Auto Submit	http://autosubmit.com/promote.html
Broadcaster Website Promotion	http://www.broadcaster.co.uk/
Easy Submit	http://www.the-vault.com/easy-submit/
Microsoft bCentral	http://free.submit-it.com/
Net-user	http://www.net-user.com/
wwbcity.com	http://www.wwbcity.com/submit/quicksub.htm

Sie werden versucht sein, den Service auszuwählen, der Ihnen eine Eintragung bei den meisten Suchmaschinen verspricht. Lassen Sie sich aber nicht von großen Zahlen ins Bockshorn jagen! Es existieren nur einige hundert Suchmaschinen und deren Adressen sind weitgehend bekannt.

Wählen Sie ein Serviceunternehmen, das Ihnen garantiert, dass es seinen Adressenbestand regelmäßig auffrischt - falls Ihnen diese Aussage glaubwürdig erscheint. Wenn allerdings jemand von sich behauptet, er wolle Ihren Eintrag auf tausend oder sogar mehreren tausend Seiten listen, dann prüfen Sie, ob Sie dies überhaupt wollen, denn dann handelt es sich bei den "Suchmaschinen" um sogenannte FFA Seiten (Free For All Linkpages). In fast allen Fällen bringen solche Seiten keine Kundenanfragen sondern nur einen Haufen Spam in Ihre Mailbox. Aber auch, wenn ein Unternehmen anbietet, Ihren Eintrag ganz oben in den Suchmaschinen zu platzieren, sollten Sie diese Aussage als unseriös abtun, denn die Firma hat nicht den geringsten Einfluss darauf, ob Ihr Eintrag auf Platz fünf, fünfhundert oder gar fünftausend landet oder vielleicht überhaupt nicht erscheint, weil einige der Suchmaschinen Einträge Ihrer Branchen schon gar nicht mehr annehmen, da die betreffende Rubrik bereits überfüllt ist. Dann hilft nur noch, der persönliche Fußmarsch durch das Internet, um herauszufinden ob es Ihnen nicht doch irgendwie gelingt, wenigstens in einer ähnlichen Rubrik unterzukommen, indem Sie an Ihren Angaben ein wenig feilen oder anderweitig Kompromisse schließen. Eine Erfolgsgarantie gibt es allerdings nicht.

Prüfen Sie immer wieder einmal, ob Ihre Seiten auf den führenden Suchmaschinen noch zu finden sind und erneuern Sie bei Bedarf Ihre Einträge oder passen Sie diese an. Gehen Sie zu "http://www.altavista.com". Mit dem Befehl "*link*:ihredomain.com" erhalten Sie eine Auflistung all der Seiten, die zu Ihrer Domain linken.

Die Posting-Software

Nachdem wir unsere eigenen Seiten bei den ausschlaggebenden Suchmaschinen per Hand eingetragen hatten, haben wir uns für knappe 100 Dollar eine Software gekauft, mit der wir uns bei den übrigen Suchmaschinen automatisch eintragen konnten. Uns erschien dies im Vergleich zu einem Serviceanbieter aus mehreren Gründen die bessere Lösung zu sein. Zum einen konnten wir von jetzt an bestimmen, wo unser Eintrag erscheinen sollte und wo nicht, indem wir Adressen oder ganze Rubriken kurzerhand abschalteten. Zum anderen können wir unsere Software benutzen so oft und wann immer wir es wollen. Dadurch dass die Hersteller solcher Software regelmäßig Updates herausbringen, sind wir außerdem immer auf dem neuesten Stand. Vor allen Dingen aber haben wir jede einzelne unserer mehrerer Dutzend Seiten einzeln gelistet, so dass wir unter den verschiedenen Stichworten immer mit mehreren Seiten, genaueren Suchbegriffen und unterschiedlichen Beschreibungen auftauchten.

Obwohl die meisten Suchmaschinen doppelte Eintragungen verhindern, ist es möglich mehrmals unter einem bestimmten Stichwort angezeigt zu werden, indem man verschiedene Seiten getrennt anmeldet. Seien Sie dabei aber vorsichtig! Die Software, die Sie kaufen, sollte sich zumindest daran erinnern können, welche Seiten sie schon wo gelistet hat und die betreffenden Maschinen beim nächsten Versuch automatisch ausklammern, denn wenn Sie dieselbe Seite immer und immer wieder zu den gleichen Suchmaschinen schicken, kann es Ihnen leicht passieren, dass dort alle Ihre Einträge entfernt und zukünftige Versuche, in der Suchmaschine aufgenommen zu werden, abgewiesen werden. Eine Gefahr, die Ihnen aber auch bei Serviceunternehmen droht, wenn ein Anbieter unsauber arbeitet.

Im Übrigen gilt auch bei den Suchmaschinen, dass nicht jede Internetadresse jederzeit erreichbar ist - auch dann, wenn diese ihren Betrieb nicht eingestellt hat. Es lohnt sich also, fehlgeschlagene Eintragungen an einem anderen Tag zu wiederholen. So können Sie bei den meisten Serviceanbietern zwar einen erweiterten Service bestellen, bei dem mehrmals versucht wird, Ihren Eintrag zu platzieren, doch mit der eigenen Software sind Sie unabhängig und können es erneut probieren wann immer Sie es wollen.

Eine Auswahl entsprechender Software, finden Sie unter:
http://tucows.pop.de/promo95.html

FFA und ein paar Tricks

Nachdem Sie sich eine sogenannte Posting- oder Submit-Software zugelegt haben, werden Sie bald erkennen, wie Serviceanbieter zu der immensen Anzahl von „Suchmaschinen" kommen, die diese Ihnen als Ziel anbieten. Denn wenn Ihre frisch erworbene Software etwas taugt, so sollte sie fein säuberlich zwischen Suchmaschinen und sogenannten FFA (Free For All) Linkseiten unterscheiden.

FFA (Free For All) Linkseiten nehmen restlos alle Einträge auf und veröffentlichen sie in langen Listen. Dies geschieht vollautomatisch und ohne Kontrolle irgend eines Webmeisters. In einem fort werden neue Seiten gelistet - und wenn genügend neue Einträge aufgenommen worden sind, verschwinden alte genauso automatisch wieder, wie sie gekommen sind. Bei den besseren FFA sind die Adressen wenigstens in verschiedenen Rubriken geordnet.

Selten sind diese Linkseiten wirklich nützlich und informativ und ich kenne niemanden, der eine FFA Linkseite als seine Startseite eingerichtet hätte. Denn die überwiegende Anzahl dieser Seiten taugen nicht viel und ziehen auch kaum Besucher an. Eigentlich dienen sie nur dazu, Ihre Emailadresse einzusammeln, um Ihnen später unerwünschte Werbung schicken zu können.

Und das passiert so: Ob Suchmaschine oder FFA, unmittelbar nach Ihrer Anmeldung werden Sie von den meisten Betreibern ein Email erhalten, das Ihren Eintrag bestätigt. Deshalb wird sich nach Gebrauch der Software Ihre Mailbox etwa zwei Tage lang mit Hunderten von Bestätigungsschreiben füllen. Dies ist legitim und noch seriös. Die Betreiber bestätigen damit, dass sie Ihre Details erhalten haben und verbinden damit ein wenig Werbung. Der Grund dafür ist, dass reine Werbemails im Internet verpönt und in manchen Ländern sogar gesetzlich verboten sind (in Deutschland ist es gesetzlich verboten, Werbung per Email an Privatpersonen zu schicken) – wie wir am Anfang des Buches erfahren haben. So nutzen diese Firmen die FFA-Seiten, um ihre Werbebotschaften mehr oder weniger legal an den Mann oder an die Frau zu bringen.

Leider gibt es aber unter den Betreibern nicht wenige, die sich nicht an geltende Vorschriften halten, so dass es Ihnen durchaus passieren kann, dass Sie noch nach Monaten unerwünschte Werbung erhalten - meistens mit fragwürdigen Angeboten. Wenn Sie sich daran nicht stören, spricht nichts gegen die Nutzung von FFA-Seiten. Allerdings kann ich Ihnen versprechen, dass die ständige Wiederholung der Junkmails, die sich auch durch hartnäckige Reklamation nur schwer abstellen lassen, mit der Zeit ganz schön auf die Nerven geht. Um diese Junkmails zu vermeiden haben wir unter unserer Domain einfach ein neues Emailkonto eingerichtet (z. B. "spam@unseredomain.com"). Alles was dort zwei Wochen später einging haben wir direkt zu "uce@ftc.gov" umgeleitet - dies ist die Stelle in der US Regierung, die gegen unerlaubte Werbung im Internet eingerichtet worden ist. Auf diese Weise zeigen sich Spammer mit jedem neuen Email selbst bei der entsprechenden Behörde an. Vergewissern Sie sich aber, dass Sie als eigene Emailadresse einen Namen wählen, den Sie garantiert nicht mehr verwenden werden, da Sie die derart weitergeleiteten Emails nie wieder zu Gesicht bekommen werden. In unserem Fall konnten wir sicher sein, dass wir den Namen „spam" zu keinem anderen Zweck mehr verwenden würden.

Ein weiterer und recht nützlicher Trick ist: Melden Sie zunächst eine kostenlose Emailadresse bei Anbietern wie „Yahoo", „Hotmail", „usa.net" usw. an. Inzwischen gibt es auch jede Menge deutsche Anbieter. Nachdem dies geschehen ist, tragen Sie diese neue Emailadresse in das entsprechende Feld Ihrer Software ein, mit der Sie Ihre Werbung an die FFA versenden wollen. Danach deaktivieren Sie alle richtigen Suchmaschinen, so dass nur FFA-Seiten als Zieladressen übrig bleiben. Das müssten - je nach Software - noch einige tausend sein, da sie den größten Anteil stellen. Danach können Sie unbesorgt loslegen und alle Ihre Seiten auf den Tausenden von Linklisten registrieren, denn alle Rückantworten, Bestätigungsschreiben und unerwünschte Werbeschreiben landen jetzt ausschließlich in Ihrem „neuen Postfach". Da Sie die neue Adresse ohnehin für nichts anderes benutzen wollen, stört Sie das auch nicht weiter. Sie brauchen Ihre Mailbox nicht einmal zu leeren, denn wegen Überfüllung abgewiesene Post interessiert Sie ebenfalls nicht. Auf diese Weise können Sie Ihre Software Woche für Woche wiederholt einsetzen, denn bei den meisten Listen wird Ihr Link nach wenigen Tagen ohnehin wieder verschwunden sein. Dieser Tipp gilt allerdings ausdrücklich nur für FFA-Seiten – auf keinen Fall für Suchmaschinen.

Richtig interessant wird Ihr kleiner Trick aber dann, wenn Sie nach einer solchen Aktion Ihre Internetseiten - diesmal mit Ihrer richtigen Emailadresse - bei den Suchmaschinen anmelden. Bei nicht wenigen Suchmaschinen wird nämlich die Wichtigkeit Ihrer Seite - und damit ihr Rang - auch nach den Links bemessen, die auf Ihre Seiten verweisen. Das kommt Ihnen gerade recht, denn immerhin dürften jetzt auf Tausenden von FFA-Seiten Links zu Ihren Seiten stehen. Übrigens funktioniert dieser Trick auch mit einigen Serviceunternehmen. Sie müssen dann nur zwei zeitlich versetzte Aufträge erteilen und ein wenig auf den zeitlichen Ablauf achten.

Wenn Sie dagegen bei Ihrem Gang durch das Internet auf eine interessante Linkseite stoßen, auf der Sie Ihre Seiten eintragen können, so zögern Sie nicht, dies auch zu tun. Besteht dagegen nicht die Möglichkeit, sich selbst einzutragen und ist die Linkseite interessant und von allgemeinem Interesse, so kann es nichts schaden, dem zuständigen Webmaster Ihre eigenen Web-Seiten vorzustellen und ihn um einen Eintrag zu bitten. Fraglos werden Sie seine Emailadresse an exponierter Stelle finden. Betreiber solcher Linklisten freuen sich in der Regel über jede Neuvorstellung einer seriösen Internetseite.

Bannertausch

Finger weg vom Bannertausch! Sie sollten sich davor hüten, Ihre mühsam erworbenen Besucher direkt oder indirekt aufzufordern, fremde Seiten aufzusuchen - nichts anderes ist nämlich Bannertausch. Aus diesem Grund haben fremde Links auf Ihren Firmenseiten nichts verloren - und schon gar keine blinkenden oder rotierenden Banner, die jede Aufmerksamkeit von Ihrem eigenen Text ablenken.

Im Schnitt verweilt ein Internetsurfer nur etwa 15 Sekunden auf einer Internetseite, bevor er sich entschließt, weiter zu surfen. Das ist eine sehr kurze Zeitspanne - viel zu kurz, um schnell den ganzen Inhalt der Seite aufzunehmen und zu verstehen. Verschwenden Sie also nicht diese äußerst kurze Zeit, die Sie haben, um auf sich aufmerksam zu machen und zum Verweilen zu animieren, indem Sie es schmarotzenden Bannern gestatten, auf Ihren Seiten mit Ihrem Text in Wettstreit zu treten.

Generell ist ein sogenannter Bannertausch ein recht unrentables Geschäft. Während Sie keinen Einfluss darauf haben, wo auf anderen Seiten Ihr Banner erscheint, wird man von Ihnen erwarten, einen Platz an exponierter Stelle zu erhalten. Außerdem: wie viel Banner müssten Sie auf Ihren Seiten denn unterbringen, um nennenswerte Besucherströme von anderen Internetseiten zu bekommen? Meistens sind es ohnehin nur die schlechter frequentierten Seiten, die es auf einen Bannertausch mit Ihnen abgesehen haben. Dagegen werden Domains mit regem Besucherverkehr, viel Geld für Ihre Bannerwerbung verlangen. Wenn Sie das nicht glauben, so versuchen Sie einmal, einen Bannertausch mit „Yahoo", „Stern" oder „ARD". Aus welchem Grund also sollten Sie auf Ihren Seiten einen Schleudersitz einbauen, der Ihre Besucher geradewegs auf einen Weg ohne Rückkehr in die Tiefen des Internets katapultiert?!

Gegenseitige Links

Ein anderes Kapitel sind gegenseitige Links. Es kann durchaus nützlich sein, mit ähnlich gelagerten Seiten anderer Firmen Links auszutauschen. Suchen Sie sich aber bitte nicht unbedingt die Konkurrenz dazu aus. Beschränken Sie sich auf Zulieferfirmen, Kunden und ähnlich gelagerte Unternehmen. Bei solcher Gelegenheit können Sie Ihren Kunden einen solchen Link sogar als kostenlosen Service „verkaufen". Neben Kunden und Zulieferer dürfen Sie auch zu allgemeinen Informationsquellen Ihrer Branche, zu Ihrer Handelskammer, zu branchenspezifischen Vereinigungen, zu Seiten mit wissenschaftlichen Abhandlungen über Materialien, mit denen Sie es zu tun haben oder die Ihre Branche verarbeitet, und mit ähnlichem auf Gegenseitigkeit linken.

Natürlich haben solche Links nichts auf Ihren regulären Seiten verloren! Stellen Sie vielmehr eine Linkseite ins Internet, auf der Sie alle Links unterbringen; denn dass Sie ein Link auf Gegenseitigkeit auch veröffentlichen ist nicht nur eine Ehrensache, sondern gemäß Ihrer Absprache mit den anderen Webmastern sind Sie sogar dazu verpflichtet. Doch mit einer Linkseite haben Sie Ihre Schuldigkeit dann auch getan, zumal die meisten anderen Webmaster, mit Ihrer Adresse kaum anders verfahren. Es ist auch nicht notwendig von jeder Ihrer Seiten auf die Seite mit diesen Links zu verweisen, Ein einziger Link von einer logisch erklärbaren wenn auch nicht ganz so wichtigen Seite und dann auch noch an einer nicht allzu auffälligen Stelle sollte als Legitimation ausreichen.

Schreiben Sie den Webmastern der in Frage kommenden Seiten ein verbindliches Email, das Sie so persönlich wie möglich abfassen sollten, damit es nicht als Spam missverstanden wird. Fragen Sie höflich an, ob der Webmaster einen Link zu Ihrer Seite setzen möchte, da Sie die gleiche Gefälligkeit mit seiner Seite planen. Wir haben dem Geschehen stets vorgegriffen und die entsprechenden Links vorab veröffentlicht. Niemand wird ein solches Email als unerwünscht betrachten, wenn Sie darin die Webseiten Ihres Ansprechpartners loben und erwähnen, dass Sie nicht umhin konnten, schon mal von sich aus einen Link dorthin zu setzen. Bitten Sie im Gegenzug um die gleiche Gefälligkeit. Wird dem nicht stattgegeben, können Sie den entsprechenden Link auf Ihren Seiten nach einigen Tagen wieder entfernen.

Aber auch bei positiver Rückantwort, sollten Sie überprüfen, ob der Link zu Ihrer Seite wirklich gesetzt ist und hin und wieder schauen, ob er nach einigen Wochen noch immer existiert und nach wie vor gut sichtbar platziert ist. Auch nach einem längeren Zeitraum lohnt es sich, erneut eine Kontrolle vorzunehmen. Sollte dann die Verknüpfung zu Ihrer Internetseite verschwunden sein, so erkundigen Sie sich höflich nach deren Verbleib. Wahrscheinlich wird Ihr Link dann nach einigen Tagen wieder auftauchen. Sollte dies aber nicht der Fall sein, so scheuen Sie sich nicht, auch Ihrerseits auf Ihrer Linkseite klare Verhältnisse zu schaffen.

Webringe

Unter die Rubrik Bannerwerbung gehören auch die sogenannten Webringe. Dies sind Zusammenschlüsse von Seiten mit ähnlichen Themen, die mittels Links miteinander verbunden sind, um so gemeinsam mehr Verkehr auf ihre Seiten zu leiten. Natürlich bringt es für Sie nicht viel, wenn Sie sich einer solchen Vernetzung anschließen, um im Verbund mit Ihrer Konkurrenz um Besucher zu buhlen. Außerdem würde Sie ein solcher Zusammenschluss verpflichten, im Turnus wechselnde Links und Banner auf Ihren Seiten zu veröffentlichen. Über dieses Thema haben wir bereits ausgiebig gesprochen und davor gewarnt.

Wenn Sie von einer solchen Einrichtung trotzdem partizipieren wollen, müssen Sie ein wenig einfallsreicher vorgehen. Allerdings ist dafür etwas Vorarbeit erforderlich. Zunächst müssen Sie Ihren Kundenkreis exakt eingrenzen und wissen, welchen gemeinsamen Interessen dieser frönt. Danach gestalten Sie eine Seite, die genau diese Interessen anspricht. Verkaufen Sie zum Beispiel Gartengeräte, so wird sich eine solche Seite mit Gartenbau beschäftigen; sind es dagegen Sportgeräte, die Sie herstellen, könnten Sie sich mit Sportereignissen, Neuigkeiten aus der Sportmedizin oder Fitness-Tipps beschäftigen. Verschießen Sie aber nicht Ihr ganzes Pulver, denn wir werden später noch Interessengebiete für weitere Werbemöglichkeiten benötigen.

Haben Sie eine Seite ins Internet gestellt, die sich mit einem Interesse Ihrer Kunden beschäftigt, so können Sie mit einer solchen Seite unbesorgt entsprechenden Webrings beitreten. Vergleichen Sie aber auch das Kapitel: "Ihre kostenlose Werbeträger". Denn mit den dort beschriebenen Seiten werden Sie natürlich nirgends beitreten. Hier ist die Seite nämlich nur Vorwand und Mittel zum Zweck. Einmal erstellt brauchen Sie sich um sie auch nicht mehr zu kümmern und auch keine Updates durchführen.

Doch erreichen Sie durch sie Ihre Kundschaft, ohne sich mit unerwünschter Werbung Ihrer Konkurrenz herumschlagen zu müssen. Hier können Sie jetzt neben den wechselnden Bannern anderer Anbieter auch Ihre eigene Werbung großflächig präsentieren und alle Besucher mit allen Ihnen zur Verfügung stehenden Mitteln auf Ihre Hauptseite locken. Wenn Sie bei der Auswahl der Themen sorgfältig gearbeitet haben, wird es sich bei dem Publikum fast ausschließlich um potentielle Kundschaft handeln.

Die Newsgroups oder Foren

Im Internet gibt es einige tausend Diskussionsforen, die sogenannten Newsgroups. Sie erreichen diese Foren über Ihre Browser, die es Ihnen mit ihren Applikationen erlauben, an solchen Diskussionsrunden teilzunehmen. Daneben gibt es jede Menge Freeware, die Sie einsetzen können. Sehr beliebt und ebenfalls bei "Tucows" herunter zu laden ist der "Free Agent".

Konfigurieren Sie die Software entsprechend. Tragen Sie Ihre Emailadresse und die Adresse des News-Server ein (sollte in etwa so aussehen: news.ihrprovider.de). Die Daten erhalten Sie von Ihrem Provider, bei dem Sie sich in das Internet einwählen - zusammen mit Passwort, Emailadresse und dem Namen eines Proxy Servers. Auch hier finden Sie in der Einstellung eine Rubrik „Signature" für Ihre persönlichen Daten. Da es Ihr Ziel ist, Ihren Firmennamen bekannt zu machen, tragen Sie in diese Unterschriftsdatei neben Ihrer Firmenbezeichnung, Emailadresse, Telefon- und Faxnummer auch Ihre Internetadresse ein.

Danach lassen Sie sich von der Software eine Liste aller zur Verfügung stehender Newsgroups anzeigen. Dabei werden Sie feststellen, dass es unendlich viele Themen gibt, die hier abgehandelt werden. Neben rein deutschsprachigen Gruppen, stoßen Sie hauptsächlich auf englischsprachige Foren, denn hier unterhält sich die ganze Welt miteinander. Sie können später nach Stichworten suchen und selektieren und sich nur noch diejenigen Gruppen anzeigen lassen, die für Ihr Vorhaben relevant sind. Ihre Aufgabe wird es sein, so viele Newsgroups wie möglich zu finden, die sich mit Themen aus Ihrer Berufssparte befassen. Sind Sie fündig geworden, "abonnieren" Sie das Ergebnis Ihrer Recherche. Das heißt, Sie richten Ihr Programm so ein, dass Sie bei jedem Start nur noch die für Sie relevanten Newsgroups angezeigt bekommen.

Schauen Sie sich jetzt zunächst erst einmal nur eine ganze Weile an, was die Teilnehmer so alles „bereden" und wie sie miteinander umgehen. Danach beteiligen Sie sich selbst an einigen Diskussionen. Keine Bange, hier geht es um Ihr Fachgebiet und es wird Ihnen nicht schwerfallen, Ihr Wissen in das eine oder andere Gespräch einzubringen. Bald werden Sie merken, wie Sie immer routinierter darin werden, die Themen der verschiedenen Gruppen zu erfassen und sich an den Gesprächen zu beteiligen. Machen Sie es sich zur regelmäßigen Aufgabe, an bestimmten Tagen in der Woche bei unterschiedlichen Newsgroups einen kleinen Beitrag beizusteuern.

Vermeiden Sie es bei Gesprächen, plump und direkt Werbung für Ihr Unternehmen zu machen, und beteiligen Sie sich bitte nur an Diskussionen, die Ihren Themenkreis berühren. Wenn Sie versuchen sollten, anderen Interessengruppen Ihr Thema aufzuzwingen oder gar für Ihre Firma die Reklametrommel rühren, riskieren Sie sehr schnell, mit Protestbriefen bombardiert und bei Ihrem Provider angezeigt zu werden.

Greifen Sie stattdessen lieber interessante Themen auf und weisen Sie auf Ihren Service nur dann hin, wenn das Gespräch dies auch tatsächlich hergibt. Ihre Unterschriftsdatei unter jeder Nachricht von Ihnen sorgt dafür, dass Sie allmählich bekannt werden. Und wenn Sie mit guten Ratschlägen und ernsthaften Beiträgen nicht geizen, wird es Ihnen niemand verübeln, wenn Sie ab und zu und aus gegebenem Anlass auf Ihr Unternehmen hinweisen.

Mit der Zeit wird man ohnehin auf Sie aufmerksam werden und Ihr Firmennamen wird sich bei den Dauergästen einprägen. Dabei wird es an Ihnen und Ihren Beiträgen liegen, ob Sie nach und nach als Kompetenz anerkannt werden und somit zwangsläufig auf Ihre Internetseiten neugierig machen. Mit dem nötigen Fingerspitzengefühl und ein wenig Übung sollte es Ihnen dann sogar möglich sein, die eine oder andere Diskussion in eine

Richtung zu lenken, die schnurstracks zu Ihrem Unternehmen führt.

Wie bei jeder anderen Werbung liegt auch hier der Erfolg in der ständigen Wiederholung. Sorgen Sie also dafür, dass Ihre Beiträge oft und regelmäßig auftauchen - ohne dabei aber zu belästigen oder ständig den gleichen Text wiederzukäuen. Anstatt also alle in Frage kommenden Newsgroups in einer Woche mit Artikeln zu überschwemmen, um dann erst einmal wieder in der Versenkung zu verschwinden, ist es sinnvoller, sich im Laufe der nächsten Monate oder Jahre - jede Woche immer mal wieder - wie es sich für Sie zeitlich einrichten lässt - in den Newsgroups sehen zu lassen. Setzen Sie sich einen festen Termin - einen bestimmten Wochentag am Abend - an dem Sie für ein oder zwei Stunden die Newsgroups studieren. Dies wird für Sie bald genauso zur lieben Gewohnheit werden wie die morgendliche Lektüre der Tageszeitung. Vergessen Sie aber nie, dass diese kleine Mühe eine kostenlose Werbung ist, die Sie bei anderen Medien teuer bezahlen müssten. Vergessen sollten Sie auch nie, dass unsinniges Geschwätz, inkompetente Äußerungen oder nichtssagende Wiederholungen das Gegenteil von guter Werbung sind.

Es gibt aber auch einige Newsgroups, in denen Sie offen für Ihr Produkt oder Ihren Service werben dürfen. Wo offene Werbung gestattet ist und wo nicht, erkennen Sie an den Beiträgen der anderen Teilnehmer. Urteilen Sie aber nicht nach einem einmaligen Besuch oder anhand weniger Beiträge. Vergewissern Sie sich zuerst, dass es sich dabei nicht um einmalige Ausrutscher von blutigen Laien handelt, sondern um eine allgemein akzeptierte Form.

Einige Newsgroups aus dem Import und Exportbereich, die Werbung akzeptieren sind:
alt.business
alt.business.import-export
alt.business.misc
biz.marketplace.international
biz.marketplace.non-computer
k12.ed.business

Die Webboards und Classified Ads

Webboards

Eine andere, weitaus direktere Art, seine Werbung im Internet wirksam zu platzieren sind die Webboards. Dies sind schwarze Bretter, an die jeder - bildlich gesprochen - seine Werbung heften kann. Die Technik funktioniert ähnlich wie bei den FFA Seiten, nur dass Sie bei den Webboards nicht nur Ihre Internetadresse in einer Rubrik und unter einem Schlagwort hinterlassen, sondern Ihre komplette Werbung - bestehend aus mehreren Zeilen Text - veröffentlichen dürfen. Zusätzlich bieten die Webboards die Möglichkeit, neben einer Adresse ein Bild zu veröffentlichen und im Adressfeld einen Link zu der eigenen Web-Seite zu setzen.

Das Internet ist voll von Webboards. Es gibt sie in den unterschiedlichsten Ausführungen und für verschiedene Produkte. Es gibt Webboards für Händler – die wiederum in verschiedene Sparten unterteilt sind - als Werbemöglichkeit für bestimmte Branchen aber auch als Diskussionsforen, und in Form eines Flohmarktes für Privatleute. Die letzteren werden sogenannte „Classified Ads" genannt. Webboards sind dermaßen vielfältig einsetzbar, dass sie sowohl dazu dienen können, Kraftwerke an den Mann zu bringen, Gebrauchtwagen zu verkaufen, neue und gebrauchte Computer und Computerteile zu vermarkten, aber auch, um Stellen zu vermitteln, Lebenspartner und Urlaubsbekanntschaften zu finden, bedürftigen Menschen zu helfen oder um verlorene Personen oder Gegenstände wiederzufinden. Webboards werden aber auch dazu benutzt, um Erfahrungen auszutauschen – vielleicht als Nutzer eines bestimmten Produktes oder einer Software. So sind die Einsatzmöglichkeiten von Webboards zur Kontaktaufnahme beinahe unbegrenzt und überall dort, wo Menschen sich untereinander mitteilen oder ihre Belange veröffentlichen wollen, lässt sich ein Webboard einsetzen.

Allen Boards ist gemein, dass jeder Besucher unter einer für alle sichtbaren Überschrift seinen Text veröffentlichen kann. Ruft man die Seite eines Webboards auf, so sieht man erst einmal nur die Überschriften der Beiträge, den Namen der Inserenten und das jeweilige Erstellungsdatum. Erst durch ein Mausklick auf die Überschrift öffnet sich der entsprechende Anzeigentext. Sie sehen, dass auch hier wieder eine aussagekräftige Headline oder Betreffzeile – wie immer wir das Ding nennen wollen – eine wichtige Funktion erfüllt.

Nun wäre es natürlich einfach, seine Seiten Hundert Millionen Internetsurfern dadurch vorzustellen, indem man eifrig auf jedem Webboard seine Spuren hinterlässt. Und in der Tat wäre dies eine gute Möglichkeit, auf sich und seine Produkte aufmerksam zu machen. Doch was für Newsgroups gilt, gilt auch für Webboards: nicht alles ist für jedes Board geeignet und nicht überall sind Sie ein gern gesehener Gast. Außerdem macht es wenig Sinn, zum Beispiel auf einem Webboard für verlorene Gegenstände darauf hinzuweisen, dass Sie gerade Ihre eigenen Internetseiten gefunden haben, um so auf diese aufmerksam zu machen.

Bleiben Sie auch hier bei Ihrer Sparte. Leider wird es für Ihre Branche aber nur eine begrenzte Anzahl von Webboards geben, die zu allem übel auch noch tief in den verborgenen Abgründen des Internets versteckt liegen. Nicht selten ist es ein Konkurrenzunternehmen oder eine Firma, die im weitesten Sinne mit Ihrer Branche zu tun hat, die auf ihren Seiten ein Webboard für Ihre Belange bereithält. Wenn Sie nach langem Suchen eine solche Werbemöglichkeit gefunden haben, müssen Sie dann vielleicht enttäuscht feststellen, dass sich nur ein oder zweimal pro Monat jemand hierher verirrt. Ganz leicht ist dies daran zu erkennen, dass das Datum des letzten Beitrags schon einige Tage oder gar Wochen alt ist und zwischen den einzelnen Überschriften immer wieder mehr oder weniger große Datumslücken klaffen. Dies sollte Sie allerdings nicht davon abhalten, Ihre Werbung trotzdem einzutragen und sich die Seite sofort zu notieren oder mit einem Lesezeichen zu versehen, damit Sie wieder dorthin zurückfinden. Ihre Aufgabe muss es nämlich sein, sich einen Katalog mit so vielen Webboards wie möglich zuzulegen. Diese sind eine der besten Werbeträger. Mit der Zeit werden Sie so zu einem stattlichen Repertoire von Webboards kommen.

Darunter werden dann auch sicherlich einige sein, die täglich eine zweistellige Besucherzahl zu verzeichnen haben.

Abgesehen davon, dass jedes - auch noch so wenig frequentierte Board - eine kostenlose Werbeplattform darstellt, die Sie so oft wie möglich nutzen sollten, haben wir es uns zur Aufgabe gemacht, alles auszuschöpfen, um unseren Internetauftritt einer breiten Öffentlichkeit vorzustellen - solange wir dabei nicht das falsche Publikum ansprechen.

Natürlich kann ich Ihnen nicht mit den Adressen branchenspezifischer Webboards dienen. Um Ihnen aber den Anfang zu erleichtern habe ich im Anhang etwa 400 Webboards aufgelistet, die jegliche Art geschäftlicher Werbung akzeptieren. Seiten, wo Sie Links zu diesen und weiteren Webboards finden, sind:
http://classifieds.internet.com/
http://www.announceitamerica.com/rs.cgi/[IDNUMBER]/freeclassifieds.html
http://www.ibrc.bschool.ukans.edu/leads/leads.htm
http://www.fita.org/webindex/index.html
http://www.forumone.com/
http://www.ibrd.com/anounce.htm

Möglichkeiten für Multiposting (Ihre Werbung wird gleichzeitig auf mehreren Webboards veröffentlicht) finden Sie unter:
http://www.ssrholland.net/partners/multipost.html
http://www.krit.co.kr/
http://www.gbot.net/
http://www.ChinaBusiness.org/posttosell.htm
http://www.thaipost.com/

Weil sich Internetadressen ständig ändern, kann ich Ihnen nicht garantieren, dass alle Adressen in meiner Liste immer und für alle Zeit funktionieren werden. Deshalb muss eine Adressenliste immer wieder ergänzt und korrigiert werden. Im Laufe der Zeit werden Sie selbst Adressen hinzufügen und alte streichen.

Da alle im Anhang genannten Webboards für den internationalen Handel bestimmt sind, sollten Sie Ihre Werbung natürlich in englisch abfassen. Allerdings versteht es sich von selbst, dass die Resonanz von diesen allgemeinen Boards nicht die gleiche Qualität haben kann, wie Sie diese von einem fachspezifischen Publikum erwarten dürfen. Trotzdem ist es wert, mit der Werbung für Ihre Produkte auf diesen Webboards zu beginnen. Seien Sie allerdings nicht enttäuscht, wenn Anfragen von solchen Webboards nicht gleich zu einem Geschäft führen. Im Internet tummeln sich neben richtigen Käufern auch jede Menge Makler, die sich darauf spezialisiert haben, in und mit diesem kostengünstigen Medium Geschäfte nur zu vermitteln. Dies gilt vor allem für Produkte, deren Preise im fünf- sechs- oder gar siebenstelligen Bereich liegen. Aber in diesen Preiskategorien schließen Sie auch im richtigen Leben nicht jeden Tag ein Geschäft ab. Da bildet das Internet auch keine Ausnahme – auch wenn eine erste große Resonanz dies fälschlicherweise vorgaukelt.

Darüber hinaus ist es unabdingbar, dass Sie im Internet selbst nach Webboards suchen, die weniger allgemein gehalten sind und spezialisierter gerade Ihre Kundschaft ansprechen, denn je gezielter Sie Ihre Kundschaft erreichen, desto erfolgreicher kann Ihre Werbung sein. Daher sollen die hier genannten Adressen nur eine Ergänzung nicht aber ein Ersatz für Ihre eigene Adressensammlung sein. Es wird Ihnen also nicht erspart bleiben, sich auf die Suche nach branchenspezifischen Webboards und Diskussionsforen zu machen. Haben Sie diese dann in zahllosen langen nächtlichen Sitzungen zusammengetragen, so hüten Sie diese wie einen Schatz. Sie werden Ihnen bei Ihrer Internetwerbung noch hervorragende Dienste leisten.

Classified Ads

Neben den sogenannten Webboards existieren im Internet unzählige Seiten als sogenannte "Classified Ads". Diese Classified Ads unterscheiden sich kaum von den Webboards, bedeutet ihr Name doch, dass auch sie die Möglichkeit bieten, unter entsprechend spezialisierten Rubriken Kleinanzeigen zu veröffentlichen. Es ist nahezu unmöglich, alle diese verschiedenen Seiten zu kennen, geschweige denn, hier aufzulisten. Gehen Sie zu jeder x-beliebigen Suchmaschine, und geben Sie als Suchbegriff nur "classified" ein und es sollte mich wundern, wenn Sie nicht seitenweise Treffer erzielten. Eine Sammlung solcher Seiten finden Sie unter anderem unter folgenden Internetadressen:

Adlands	http://www.adlandpro.com/default.asp?rep=netmark
Clazzifieds	http://www.clazzifieds.com/
Finsave	http://finsave.com/services/marketpl.htm
Insidetheweb	http://www.insidetheweb/
Irby-enterprise	http://www.irby-enterprises.com/classifieds/classifieds.html
Mother Of All Classified	http://www.uran.net/imall/mother.html
Nerdworld	http://www.nerdworld.com/nw98.html

Allein unter diesen Adressen, werden Sie monatelang nach passenden Werbemöglichkeiten recherchieren können. Auch einige Suchmaschinen betreiben eigene Classified Ads-Seiten

Classified Ads wenden sich überwiegend an Privatleute und dienen als Forum von privat an privat. Es gibt sie unter anderem für Gebrauchtwagen, Immobilien, Antiquitäten aber auch für verlorene Gegenstände und vieles mehr. So werden Classified Ads Sie hauptsächlich dann interessieren, wenn Sie mit einem bestimmten Produkt den Massenmarkt oder eine bestimmte Sparte Endverbraucher ansprechen wollen. Das hat allerdings nichts mehr mit gezielter Werbung zu tun und jeder, der nicht in einem Rundumschlag die gesamte Bevölkerungsschicht ansprechen will oder hier seine Zielgruppe findet, kann dieses Kapitel getrost auslassen. Er erspart sich damit jede Menge Zeit sowie unnütze Korrespondenz mit Menschen, die ihm ohnehin nicht weiterhelfen können.

Wenn Sie sich trotzdem damit beschäftigen, werden Sie recht schnell feststellen, dass es mühsam und langwierig ist, die unzähligen "Classified Ads" Seiten im Internet zu sichten und zu sortieren. Daher sollten Sie Ihre Arbeit nicht darauf konzentrieren, sondern stattdessen nur die eine oder andere freie Stunde für Ihre Suchaktion opfern. Nach anfänglichen schnellen Erfolgen wird bei jeder weiteren Suche die Luft schon bald dünner werden und es manchmal mehr als eine Stunde intensiver Arbeit bedürfen, um auch nur eine neue „gute" Adresse zu finden. Probieren Sie es aus. Sie werden rasch erkennen, dass es Jahre dauern würde, bis Sie alle Leckerbissen aus dem Wust nutzloser Seiten aussortiert haben. Das lohnt keinen Aufwand.

Machen Sie sich aber bitte nichts vor und betrügen Sie sich nicht selbst, indem Sie aus lauter Enttäuschung über die geringe Ausbeute alle möglichen Seiten mit "Classified Ads" auswählen, nur um sich selbst einen Erfolg vermelden zu können. Sie dürfen darauf vertrauen, dass Werbung an das falsche Auditorium nutzlos verschwendete Zeit ist; denn wenn jemand an einer Stadtwohnung interessiert ist wird dieser Mensch kaum Ihre moderne und mit allen Raffinessen ausgestattete Dreschmaschine kaufen.

Serviceunternehmen

Nun finden sich im Internet auch in dieser Sparte Firmen, die Ihnen anbieten, Ihre Werbung auf verschiedene Webboards zu platzieren. Bedenken Sie, dass solche Firmen keine Webboards Ihrer ausgesuchten Klientel bedienen. Für den geringen Betrag, den sie für ihren Service fordern, werden diese Firmen auch ganz bestimmt nicht nach branchenspezifischen Webboards suchen. Darüber hinaus sind solche Unternehmen auf spezialisierte Aufträge und anspruchsvolle Klientel ohnehin nicht eingestellt. Für sie zählt nur der Massenmarkt und je höher die Anzahl der Webboards ist, die sie vorweisen können, desto verlockender können sie auftreten. Sie sollten aber vorsichtig sein, wenn Firmen davon sprechen, Ihre Werbung auf über 1000 Webboards setzen zu wollen. In einem solchen Fall können Sie davon ausgehen, dass sich das Angebot überwiegend auf die Adresse "insidetheweb.com" bezieht. Unter dieser Domain sind weit mehr als 1000 Webboards anzutreffen. Alle sehen sie gleich oder ähnlich aus, da diese Adresse Webboards für jeden Zweck zur Verfügung stellt. Doch wenn Sie sich dort umschauen, werden Sie rasch feststellen, dass Sie Ihre Werbung eigentlich nur auf einer Handvoll dieser Webboards wiederfinden möchten und mit dem Rest nichts zu tun haben wollen. Kommen wir dann in Regionen, wo von mehreren tausend Webboards die Rede ist, dann schlagen Sie dazu im vorherigen Abschnitt unter „Classified Ads" nach.

Software

Übrigens das gleiche gilt auch für die diesbezüglich angebotene Software. Sie können getrost davon ausgehen, dass die Resonanz von den meisten damit zu erreichenden Webboards ähnliche Qualität hat, wie Ihr Eintrag auf FFA (Free For All) Seiten - allerdings ohne den unter "Suchmaschinen" besprochenen Vorteil.

Wenn Sie also nicht jede Menge Post von Leuten erhalten wollen, die nichts weiter im Sinn haben, als Ihnen alles mögliche aufs Auge zu drücken, sollten Sie sich bei dem Thema Webboard entweder ein eigenes Script schreiben oder die Finger sowohl von Serviceunternehmen wie auch von entsprechender Software lassen.

Die Mailinglisten

Einige der oben genannten Webboards sind mit sogenannten Mailinglisten verknüpft, so dass dort veröffentlichte Werbung per Email an eingetragene Benutzergruppen verschickt wird. Die Empfänger solcher Emails und damit der Werbung, sind Abonnenten von Mailinglisten. Diese haben sich in eine Bezieherliste eintragen lassen, um in einem festgelegten Turnus eine bestimmte Art von Werbung oder Information zu erhalten. Der jeweilige werbetreibende Absender kennt die einzelnen Empfänger nicht. Er - oder in dem vorliegenden Fall das entsprechende Webboard - schickt die Botschaft an eine Verteileradresse, die von dem Betreiber einer Mailingliste eingerichtet worden ist. Von dort aus wird die Nachricht dann automatisch weitergeleitet.

Der Betreiber einer Mailingliste hat die Empfänger geworben und deren Emailadressen gespeichert. Darüber hinaus hat er festgelegt unter welchem Thema eine Mailingliste betrieben wird und welche Art Beiträge akzeptiert werden. Deshalb wird er auch dafür sorgen, dass seine Liste nicht mit unpassenden Beiträgen gefüttert oder gar für Spam missbraucht wird. Um Missbrauch einfacher zu vermeiden können in der Regel nur solche Personen Beiträge an die Mailingliste schicken, die auch als deren Bezieher eingetragen sind. Im Fall der Webboards, die Ihre Werbung über einige Mailinglisten verteilen, ist es das jeweilige Webboard, das berechtigt ist, die Liste zu bedienen.

An einige Mailinglisten können Sie Ihre Werbung aber auch direkt verschicken, ohne selbst als Empfänger dort eingetragen zu sein. Die Adressen einiger Dutzend Mailinglisten, an die Sie Ihre Werbung - in englischer Sprache - schicken dürfen, finden Sie am Ende des Buches. Die Bezieher dieser Mailinglisten interessieren sich für jedes Angebot aus dem Im- und Export Bereich, sodass alles angeboten werden darf, was sich auf dieser Ebene an Produkten verkaufen lässt. Unnötig zu erwähnen, dass MLM (Multi-Level-Marketing)-Angebote, Nebenverdienstjobs, Kettenbrief-Schwachsinn, Spam-Adressen-Listen und ähnliches nicht erwünscht sind.

Allen, die ernsthaft Handel treiben sei empfohlen, die im Anhang genannten Emailadressen unter einem bestimmten Stichwort - zum Beispiel "Mailingliste" - in das Adressenbuch ihrer Emailsoftware einzutragen. Mit Ihrer eigenen Adresse als Empfänger und dem Aliasnamen "Mailingliste" in dem Feld "Bcc:" können Sie Ihr Angebot auf einen Schlag an alle Mailinglisten schicken. Bevor Sie ein solches Email allerdings abschicken, vergewissern Sie sich, dass die Adressen der Mailinglisten tatsächlich in dem Feld "Bcc:" und nicht in dem Feld "Cc:" stehen.

Branchenspezifische Listen müssen Sie allerdings wieder selbst herausfinden. Nachfolgend habe ich die Internet-Adressen von einigen Seiten zusammengestellt, die verschiedenartige Mailinglisten katalogisiert haben

Deutsche Mailinglisten:
Deutsche Newsletter und Mailingliste   http://www.deunema.de/
Egroups   http://www.egroups.de/
Öffentliche Mailinglisten   http://www.kbx.de/
lisde   http://www.lisde.de/home.shtml
newsmail.de   http://www.newsmail.de/

Internationale Mailinglisten:
Directory Profess E-Conferences   http://n2h2.com/KOVACS/
Internet.com   http://e-newsletters.internet.com/
The Mailinglist Directory   http://www.liszt.com/
Meta-List.net   http://www.meta-list.net/query?acc=111en
Internet's Mailing List Directory http://paml.net/
Search The List of Lists   http://catalog.com/vivian/interest-group-search.html
egroup   http://www.egroups.com/
TILE.NET/LISTS   http://tile.net/lists/
Webscoutlists   http://webscoutlists.com/
chinwag   http://www.chinwag.com/
Coollist   http://www.coollist.com/
Topica   http://www.topica.com/

Nachdem Sie einige passende Mailinglisten gefunden haben, seien Sie vorsichtig mit direkter Werbung und vergewissern Sie sich zuerst, ob die entsprechenden Mailinglisten Werbung überhaupt akzeptieren. Nicht wenige Mailinglisten sind nämlich nur für den Informationsaustausch gedacht und untersagen Werbung (siehe Newsgroups). Da Ihr Beitrag meistens ohnehin nur dann angenommen wird, wenn Sie auch als Bezieher der Mails eingetragen sind, empfiehlt es sich, zunächst erst einmal eine Zeitlang die Beiträge der anderen Teilnehmer zu studieren. Dadurch werden Sie schnell herausfinden, bei welcher Liste Ihre Werbung willkommen ist und wo nicht. Aber auch dort, wo direkte Werbung verpönt ist, können Sie in kleinen Schritten auf Ihre Firma, Ihre Produkte und Ihren Service aufmerksam machen - auch wenn dies ein wenig Vorarbeit und rege Beteiligung an den Diskussionen voraussetzt (siehe Newsgroups). Halten Sie sich aber auf jeden Fall an die jeweilige Spielregel, wenn Sie nicht riskieren wollen, dauerhaft ausgeschlossen zu werden.

Neben den klassischen Mailinglisten, die von Dritten betrieben werden, sollten Sie auf jeden Fall Ihre eigene „Mailingliste" erstellen. Dort gehören die Emailadressen von allen Leuten hinein, die Sie kontaktiert haben. Beschränken Sie Ihre Einträge aber nicht nur auf eine einzige Mailingliste, sondern unterscheiden Sie genau nach der Art und der Qualität der Anfragen und den Interessen Ihrer Klientel. Nur auf diese Weise können Sie später Ihre Werbung punktgenau platzieren. Zwar wird Ihnen eine detaillierte Katalogisierung am Anfang - wenn Sie nur über eine geringe Anzahl von Adressen verfügen - noch schwerfallen, mit der Zeit aber wird Ihre Adressenkartei ganz von alleine wachsen. Dann werden Sie froh sein, schon frühzeitig für die richtige Einteilung gesorgt zu haben. Halten Sie Ihre Adressenkartei stets auf dem neuesten Stand.

Opt-in Emaillisten

Während Mailinglisten nur in Ausnahmefällen Werbung gestatten, sind Opt-in Emaillisten ausschließlich für Werbezwecke installiert worden. Die Betreiber haben sich Interessenten gesucht, die damit einverstanden sind, regelmäßig eine bestimmte Art Werbung zu erhalten. Meistens handelt es sich bei den Beziehern um Privatleute und weniger um Firmen. Für ihren Service verlangen die Eigentümer der Liste von dem, der seine Angebote an die Liste schicken will, einen bestimmten Geldbetrag.

Wenn eine solche Liste auch bei weitem nicht die Qualität hat wie Ihre eigene Mailingliste, so können Sie doch darauf vertrauen, dass die Empfänger in irgend einer Weise an Ihrer Werbung interessiert sind – vorausgesetzt, Sie haben die passende Liste ausgewählt.

Opt-in Emaillisten finden Sie unter:

Internet.com	http://e-newsletters.internet.com/mailinglists.html
About	http://beanadvertiser.about.com/what.htm
Topica	http://www.topica.com/
BulletMail	http://www.bulletmail.com/targeted-email/index.html
DirectStuff	http://www.directcoupons.com/advertise.html
E-target.com	http://e-target.com/
Mail.com	http://corp.mail.com/adsales_frames.html
PostMasterDirect.com	http://www.postmasterdirect.com/
Recommend-It	http://www.recommend-it.com/advertise/
Targ-It.com	http://www.targ-it.com/order.htm

Newsletter als Werbeträger

Newsletter sind periodisch verschickte Informationsblätter über genau festgelegte Themen. Die interessierte Zielgruppe hat solche periodisch erscheinenden Emails abonniert wie eine Zeitung. Newsletter unterscheiden sich von Mailinglisten dadurch, dass sie sehr sachbezogen sind und meistens nur von dem Herausgeber oder bestimmten Autoren verfasst werden, während die Empfänger lediglich Konsumenten sind und in den wenigsten Fällen Beiträge beisteuern können.

Viele von Ihnen werden Newsletter von den großen Softwarelieferanten kennen. So verbreiten unter anderem auch Microsoft und Netscape eigene Newsletter, mit denen sie ihre Kunden über Veränderungen in ihrem Hause unterrichten. Weiter unten werden Sie sehen, wie Sie selbst eigene Newsletter als Werbeträger einrichten können. Dort werden Sie mehr über diese Form der Kommunikation erfahren. Hier sei der Vollständigkeit halber nur erwähnt, dass einige Herausgeber gegen Entgelt Werbung in ihre Veröffentlichungen aufnehmen. Für Sie ist diese Art Werbung nur dann interessant, wenn ein solches Newsletter passgenau Ihre Zielgruppe anspricht und eine hohe Auflage erzielt. Ansonsten lohnt es sich kaum, für diese Art Werbung Geld auszugeben.

Eine Liste der verfügbaren deutschen Newsletter finden Sie unter
http://www.lisde.de
die der internationalen und damit englischsprachigen unter
http://www.liszt.com

Unter diesen Adressen erfahren Sie auch etwas über die jeweiligen Zielgruppen, die Höhe der Auflage und ob und unter welchen Bedingungen Werbung zugelassen ist. Unnötig zu erwähnen, dass Sie in englischsprachige Newsletter auch Ihre Werbung in englischer Sprache abfassen müssen.

Da dieser Werbetipp einer der wenigen ist, der Sie Geld kosten wird, schauen Sie sich deshalb genau die Auflage, Zielgruppe und deren Relation zum Preis an. Eine hohe Auflage und eine passende Zielgruppe bei einem moderaten Preis könnten Sie dazu veranlassen, diesen Werbeträger einmal auszuprobieren. Denken Sie aber daran, dass in der Werbung ein Mal kein Mal ist und Sie mehrere periodische Schaltungen einkalkulieren sollten, um wirklich Resultate zu erzielen und um Wirkungen richtig beurteilen zu können.

Banner

Auch wenn ich davon abrate, Banner auszutauschen, da fremde Banner, nicht nur Downloadzeit verschwenden, sondern auch Ihre Besucher ablenken and woandershin locken, so sollten Sie durchaus ein paar Banner in unterschiedlichen Größen besitzen, um diese bei jeder Gelegenheit überall dort zu platzieren, wo man es Ihnen gestattet. Erwähnt seien dabei nicht zuletzt die Webboards, wo Sie nicht selten die Möglichkeit haben, neben der Internetadresse innerhalb Ihres Werbetextes auch ein Bild zu veröffentlichen. Nur Anfänger ohne eigene Webseiten veröffentlichen hier ein Bild des angebotenen Produktes. Packen Sie lieber ein Banner Ihrer Firma dorthin und dazu den Hinweis, dass das angebotene Produkt auf Ihrer Internetseite in angemessener Größe zu begutachten ist. Grundsätzlich sollten Sie Interessenten dazu animieren, sich Produkte nur auf Ihren Webseiten anzusehen, wo sie Ihr gesamtes Angebot finden werden. Die Neugierde, die Hoffnung und die Erwartung der Menschen sind immer beeindruckender als alle Bilder, die Sie innerhalb eines begrenzten Werbetextes unterbringen können.

Haben Sie in Ihrem Haus ein Budget, um sich Werbeflächen auf stark frequentierten Internetseiten zu mieten, so ist ein Banner unumgänglich. Deshalb wollen wir auf das Thema Banner hier noch einmal kurz eingehen.

So wenig wie auf einem Webboard ein kleines, nichtssagendes Bild Ihres Produktes auftauchen sollte, so wenig gehört in Ihr Banner eine umfangreiche Information über Ihr Angebot. Denn auch dafür ist ausschließlich Ihre Seite da. Ein Banner soll zunächst einmal nur Aufmerksamkeit erregen und das Bedürfnis wecken, es weiterverfolgen und es anklicken zu wollen. Es ist das, was in der Werbebranche ein „Eye-Catcher" genannt wird, ein Punkt, der die Blicke auf sich zieht - oder besser: der den Betrachter förmlich anspringt. Ein gutes Banner verkörpert auf kleinstem Raum das sogenannte AIDA-

Prinzip (**A**ttention [Aufmerksamkeit], **I**nteresting [Interesse], **D**esire [Verlangen], **A**ction [Aktion - in diesem Fall der Klick zu Ihren Seiten]).

Es gibt keinen allgemeinen Ratschlag, wie ein Banner letztendlich genau aussehen sollte. Wie vieles andere wird sich das Aussehen dabei hautsächlich an Ihrem übrigen Auftritt im Internet orientieren. Zwei Vorschriften seien aber trotzdem genannt: ein Banner sollte Ihre Internetadresse beinhalten und die Dateigröße von 10 KB nicht überschreiten, um die Downloadzeit so gering wie möglich zu halten. Wenn das Banner als (kostenpflichtige) Werbung auf fremden Seiten eingesetzt wird, werden Größe des Bildes und Umfang der Datei ohnehin vorgegeben sein.

Wie zieht ein Banner Blicke auf sich? Aufmerksamkeit erregt zweifellos eine Animation, die mit ihrer Bewegung den Blick fesselt. Allerdings leidet die Dateigröße unter einer allzu aufwendigen Animation. Auch witzige Banner werden beachtet und trickreiche Banner, die vorgaukeln sie seien Schaltflächen von Windows werden sicherlich ebenfalls nicht übersehen werden. Aber ein Banner existiert nicht zum Selbstzweck, sondern muss sich stets in Zusammenarbeit mit dem Angebot auf der verbundenen und beworbenen Webseite bewähren.

Unnötig zu erwähnen, dass Ihr Banner mit einer Verknüpfung zur bewerbenden Seite unterlegt ist. Es sollte aber auch mit einem Alt-Tag versehen sein, so dass bei abgeschalteter Grafikanzeige zumindest Ihre geschriebene Werbebotschaft erscheint und die Bedeutung des Links für jedermann ersichtlich wird.
Der Code dazu lautet
<a href="http://www.ihredomain.com/hauptseite.html"><imgSRC="banner.gif" alt="Erklärung"> </a>

Verwenden Sie viel Aufmerksamkeit auf die Herstellung eines guten Banners, denn es ist Ihr Aushängeschild. Scheuen Sie auch nicht die Geldausgabe, sich ein gutes Banner von Fachleuten erstellen zu lassen, falls Sie selbst nicht ausreichend mit der Technik vertraut sind. Dies ist eine einmalige Investition, die Ihnen lange Zeit gute Dienste leisten und sich auf Dauer auszahlen wird.

Gästebücher

Ich kann Ihnen nur abraten, auf Ihren eigenen Seiten ein Gästebuch zu führen, da dieses keinerlei Vorteile bringt, wenig Einträge niedrige Besucherzahlen signalisieren und zahlreiche Einträge nicht selten aus dummen Sprüchen oder gar aus Beschwerden bestehen. Darüber hinaus müssen Sie ein eigenes Gästebuch immer wieder auf dessen Werbewirksamkeit - oder auf seine Abschreckung - hin kontrollieren, ohne dass es Ihnen auf der andere Seite auch nur den geringsten Vorteil bringt.

Aber ich empfehle Ihnen auch, selbst keine Gelegenheit auszulassen, sich in andere Gästebücher einzutragen. Zwar werden Gästebücher kaum gelesen und Sie sollten das Internet niemals nach Gästebüchern durchsuchen - doch eine Gelegenheit, über die Sie stolpern, sollten Sie ebenfalls nicht auslassen. Mit Gästebüchern verhält es sich wie mit Geld, das Sie zufällig auf der Straße finden: Sie bücken sich danach, wenn Sie darüber stolpern, würden aber kaum durch die Straßen ziehen, um verlorenes Geld zu suchen.

Ihre kostenlosen Werbeträger

Weiter vorne in diesem Buch haben wir gehört, dass etwa 90 Prozent aller Besucher Ihrer Webseiten über die Suchmaschinen kommen wird. Wenn Sie die folgenden Kapitel gelesen haben und bei der Umsetzung nicht allzu viel falsch machen, sollte sich der Verkehr auf Ihrer Domain vervielfachen und die Suchmaschinen nur noch maximal 30 Prozent dazu beitragen – dies, obwohl ich voraussetze, dass Sie alle Eintragungen bei den Suchmaschinen richtig und mit größter Sorgfalt erledigt haben.

In den folgenden Kapiteln zeige ich Ihnen, wie Sie mit ein klein wenig Vorarbeit den Verkehr auf Ihrer Domain niemals abreißen lassen und darüber hinaus konstant neue Besucher anziehen werden. Beim Lesen werden Sie sehr schnell feststellen, dass sich Techniken zeitweise ergänzen und überschneiden. So ist jede einzelne Methode nicht nur geeignet, auch für die andere zu werben, sondern dient darüber hinaus gezielt als Werbeträger für Ihr Unternehmen.

Alle unten aufgezeigten Lösungen sind unbedingt als Einheit zu betrachten. Denken Sie niemals an ein „entweder-oder" sondern immer nur an ein „sowohl-als-auch"! Für eine effektive Internetpräsenz müssen Sie nämlich alle Werkzeuge bündeln und gemeinsam einsetzen. Dann garantiere ich Ihren Seiten innerhalb weniger Monate einige hundert Besucher pro Tag – mit ansteigender Tendenz.

Wie gesagt: Jede Internetplattform in den folgenden Kapiteln ist eine selbstständige Einheit. Dies bedeutet, dass Sie auch für jede einzelne eigenständig werben müssen. Alles, was Sie Ihren regulären Seiten haben angedeihen lassen, müssen Sie für jede nachfolgend beschriebene Seite ebenfalls einplanen. Nachdem Sie für jede Seite die passenden Metatags gesetzt und die richtigen Suchbegriffe eingetragen haben, muss jede dieser Seiten bei den Suchmaschinen separat angemeldet werden. Haben Ihre regulären Seiten den Spitzenplatz auf den Suchmaschinen knapp verfehlt, weil die Konkurrenz zuerst da war und ebenfalls gut gearbeitet hat, so bekommen Sie mit Ihren „Hilfsseiten" eine zweite, wesentlich bessere Chance; denn obwohl unzählige Firmen den gleichen Markt bedienen wie Sie, ist vielleicht Ihr Thema auf den Informationsseiten, Ihr eigenes Newsletter, Ihr Webboard oder gar Ihre Downloadseite so einzigartig, dass es dazu im Internet nicht viele Alternativangebote gibt, die Ihnen den vordersten Rang bei den Suchmaschinen streitig machen könnten.

Aber nicht nur die Suchmaschen müssen Sie einsetzen, um Ihre neuen Seiten populär zu machen. Auch alle anderen zuvor genannten Alternativen, wie Webboards, Mailinglisten, Newsgroups und alles, was wir bisher kennen gelernt haben, müssen Sie dazu einsetzen, um zu bewerben, was ich Ihnen nachfolgend vorstellen werde.

Das hört sich im ersten Moment schlimmer und aufwendiger an als es in Wirklichkeit ist. Abgesehen davon, dass Ihnen jeder neue Werbedurchgang durch das Internet leichter fallen wird als der vorherige, werden Sie lernen, Arbeiten zu rationalisieren und wiederholende Aufgaben flotter und beinahe spielerisch zu bewältigen.

Der eigentlich große Vorteil aber liegt darin, dass Sie mit Ihren „kostenlosen Werbeträgern" einen Ball anschieben werden, der allein rollen und sich nach ein wenig Anfangsarbeit zu einem wahren Perpetuum Mobile entwickeln wird. Einmal auf sich aufmerksam gemacht, zieht Ihr neuer Internet-Auftritt Interessenten nämlich automatisch an. Die Seiten werden weiterempfohlen und immer wieder gern aufgesucht. Eigentlich könnte sich Ihre ganze Werbung nur darauf beschränken, soviel Menschen wie möglich über die Existenz Ihrer neuen Seiten zu unterrichten. Denn während Sie für Ihre regulären Seiten die Werbung niemals völlig einstellen dürfen, können Sie für Ihre „Werbeträger-Seiten" nach deren Einführung jede weitere Werbung auf ein Minimum beschränken, denn diese werden sich ganz gut selbst um Ihre Besucherzahlen kümmern.

Die Informationsseite

Am meisten werden sich Besucher Ihrer Internetseiten dafür interessieren, was Sie ihnen über Ihr Fachgebiet beibringen können. Letztendlich haben sich Interessenten gerade aus diesem Grund bis zu Ihren Seiten durchgeklickt. Wenn Sie neben all Ihrer Firmenwerbung im Internet also eine Seite einrichten, die Problemlösungen zu bestimmten Themen Ihrer Branche anbietet und Sie diese Tipps turnusmäßig durch andere, neue ersetzen und dabei auch nicht vergessen, einen solchen Service lautstark im Internet zu verkünden, werden Sie sich über wiederkehrende Besucher nicht beklagen können.

Zum Beispiel könnten Sie Reparaturanleitungen veröffentlichen, wenn Sie Geräte, Maschinen oder Kraftfahrzeuge verkaufen. Wöchentlich wechselnde Kochrezepte sind für Ihre Klientel interessant, wenn Sie Küchengeräte oder Nahrungsmittel anbieten. Die neuesten Börsenkurse veröffentlichen Sie als Finanzmakler. - Was immer Ihr Beruf auch sein mag, als Fachmann kennen Sie genügend Informationen, die Sie mit anderen teilen können. Dabei ist die Liste an Informationen, die man im Internet kostenlos und branchenspezifisch anbieten kann schier endlos. Sie reicht - je nach Branche - von nützlichen Statistiken bis hin zur Schwacke-Liste, von Telefonbüchern zu Rezepten, von Gesundheitsratschlägen bis zur Autopflege und ist bei Anleitungen für das Internet oder den Computer noch lange nicht zu Ende.

Wichtig ist nur, dass Sie in gewissen Zeitintervallen alte gegen neue Informationen austauschen. Oder wie wäre es mit allgemeinen Gesetzestexten aus dem Handels- oder Steuerrecht und deren aktuellste Auslegung – falls dies zu Ihrer Branche passt. Dabei steht es Ihnen frei, fremde Quellen zu zitieren, solange Sie die Herkunft angeben und es ersichtlich bleibt, dass es sich dabei um Zitate handelt. Benutzen Sie: „Wie xy geschrieben (geurteilt, veröffentlicht) hat:". Seien Sie aber vorsichtig mit fachlicher Einzelberatung, damit Sie nicht mit der Berufssparte kollidieren, die so etwas professionell betreibt.

Spezielle Verordnungen, chemische Zusammensetzungen, Speditionslisten, branchenspezifische Termine, all dies sind wichtige Informationen für Ihre Klientel, die Sie als zu aktualisierende Nachschlagewerke Online stellen können. All dies bringt Ihnen nicht nur neue Besucher, sondern sorgt auch dafür, dass alte Ihnen treu bleiben.

Wenn Ihnen jetzt immer noch nichts zu diesem Thema einfällt, was Sie für Ihren Geschäftszweig ausschlachten können, dann konzentrieren Sie sich eben auf die allgemeinen Bedürfnisse der Menschheit:
1. Jeder möchte Geld verdienen oder sein eigenes wenigstens sparen. Sicherlich werden Sie Ihr Publikum finden, wenn Sie auf Ihren Seiten aufzeigen, wo sich diese Woche wieder Geld einsparen lässt oder welcher Nebenverdienst den höchsten Profit verspricht.
2. Von allgemeinem Interesse ist es, zu erfahren, welche Veranstaltungen, wo stattfinden, wohin man geht, um sich zu amüsieren oder um gesehen zu werden. Ein entsprechender und auf Ihre Branche zugeschnittener Veranstaltungskalender (Kongresse, Veranstaltungen, Fortbildungskurse etc), der regelmäßig auf den neuesten Stand gebracht wird, wird sich wahrscheinlich recht schnell herum sprechen und begehrte Lektüre werden.
3. Essen und trinken ist für jeden Menschen ein Bedürfnis. So hat ein großer Nahrungsmittelhersteller sein Publikum damit begeistert, indem er turnusmäßig Kochrezepte veröffentlicht hat.
4. Sex ist ein dominanter menschlicher Trieb, der auch im Internet Millionen von Menschen anzieht. Dies sei nur der Vollständigkeit halber erwähnt, denn solange Sie keine Reizwäsche vertreiben oder in der Pornoindustrie tätig sind, gibt es keinen Grund, Ihr Publikum mit anzüglichen Bildern zu locken.

Diese Liste lässt sich unendlich erweitern. Jede Information - von den neuesten Nachrichten über den Wetterbericht bis zu den aktuellen Börsenkursen - lässt sich über das Internet verbreiten und ist dazu geeignet, Besucher auf Ihre Domain zu locken. Allerdings sollten Sie genau prüfen, ob reine Masse wirklich das ist, was Sie wirklich wollen. Mag es für einen Nahrungsmittelhersteller, der letztendlich die gesamte Bevölkerungsbreite anspricht durchaus Sinn machen, absolut jeden anzulocken, so dienen Menschenmassen, die nichts mit Ihren Produkten oder Ihrer Branche im Sinn haben, nur dazu, auf Ihrem Server den Verkehrsstrom unnötig zu erhöhen - und damit die Zugriffsgeschwindigkeit für die interessierten Fachbesucher zwangsläufig zu verlangsamen. Daher sollten Ihre Publikationen den Interessen Ihrer Klientel gerecht werden. Die Auswahl der Themen, auf die Sie Bezug nehmen, wird sich also daran orientieren, wofür sich Ihre Kundschaft interessiert. Es macht keinen Sinn, wenn Sie zum Beispiel mit den allerneuesten Wett-Ergebnissen eine Menge Neugierige auf Ihre Seiten locken, wenn Sie selbst kein Wettbüro unterhalten. Seien Sie also wählerisch bei der Auswahl Ihrer Themen und beschränken Sie sich darauf, nur solche Menschen zu interessieren, die im weitesten Sinne auch als Ihre Kunden in Betracht kämen. Dies gilt ganz besonders dann, wenn Sie für die transferierten Gigabytes Geld bezahlen müssen.

Ihre Informationen müssen regelmäßig erneuert werden. Dabei ist es gleichgültig, ob Sie die Informationen wöchentlich oder monatlich austauschen. Wichtig ist nur, dass Sie einen einmal festgelegten Erscheinungsrhythmus auch strikt einhalten. Anderenfalls kann es passieren, dass Sie enttäuschte Besucher nach und nach für immer verlieren.

Obwohl nichts dagegen spricht, wenn Sie die eine oder andere Seite zu einem Nachschlagewerk Ihrer Branche gestalten, so sollten Sie doch bemüht sein, dass wenigstens die Inhalte oder Zahlen hin und wieder wechseln. Niemand kommt zurück, wenn er meint, alles schon zu kennen. Weisen Sie darauf hin, welcher Themen Sie sich in Zukunft annehmen werden. Wenn Sie dazu Termine ankündigen, so halten Sie diese bitte ein, da Sie ansonsten sehr schnell unglaubwürdig werden.

Falls Sie andere Publikationen zitieren, so nennen Sie unbedingt die Quelle. Achten Sie auf jeden Fall auf Copyright-Bestimmungen und holen Sie sich im Zweifelsfall die Erlaubnis. Legen Sie aber nur einen Link zu der Quelle, wenn Sie Ihre Besucher so schnell wie möglich wieder los werden möchten.

Natürlich sind Sie nicht nur an ein Thema gebunden. Wenn Sie aber über verschiedene Sachgebiete schreiben oder darüber informieren wollen, so sorgen Sie dafür, dass jede Thematik ihre eigene Seite erhält. Voraussetzung für jede Informationsseite ist, dass Sie über Themen, die Sie behandeln wollen, auch wirklich Bescheid wissen. Nichts ist schädlicher, als wenn auf einer solchen Seite ein Haufen Unfug steht, der Sie nur der Lächerlichkeit preisgibt und somit auch zwangsläufig den Rest Ihrer Internetseiten zum Gespött werden lässt.

Sie sollten sich auch darüber klar werden, dass jede Thematik ihren Tribut an Arbeit einfordert. So ist es oftmals besser, sich nur auf eine einzige Art von Informationsseite zu konzentrieren und die Thematik so großzügig zu fassen, dass diese ein breites Spektrum abdeckt, anstatt jede Menge unterschiedlicher Rubriken einzurichten. Relativ einfach mehrere „Informationsseiten" zu veröffentlichen haben es dagegen solche Betriebe, die Listen und Statistiken aus zweiter Hand herausgeben können. Mit sich ändernden Fahrplänen, täglich neuen Börsen- oder Wechselkursen, Statistiken oder wechselnden Preislisten, die man nur abschreiben oder kopieren muss, lässt sich recht einfach ein Thema ausbauen und pflegen.

Wie wir weiter unten sehen werden, können Sie den Inhalt Ihrer Informationsseiten jederzeit auch als Newsletter versenden. Damit haben Sie zwei Fliegen mit einer Klappe geschlagen. Aber auch Informationen von gestern sollten für Sie weiterarbeiten. Immer, wenn Sie den Inhalt einer Seite austauschen, lassen Sie die alten Arbeiten online und legen Sie eine Verknüpfung dorthin, so dass neue Besucher diese nachlesen können.

Dass solche Seiten in erster Linie als Ihre Werbeflächen eingesetzt werden sollten, brauche ich sicher nicht extra zu erwähnen. So werden Sie es natürlich nicht versäumen, jeweils am Kopf und am Fußende einer solchen Seite ausreichend Werbung mit entsprechenden Verknüpfungen zu Ihrem regulären Angebot einzufügen. Seien Sie dabei nicht bescheiden! Sie bieten „selbstlos" einen allgemein nützlichen Service an, so dass es Ihnen niemand verübeln wird, wenn Sie dabei mit Ihrer eigenen Werbung nicht gerade geizen. Allerdings sollten Sie dafür sorgen, dass Ihre Besucher auch die gewünschten Informationen, leicht, an immer der gleichen Stelle und in einem logischen Zusammenhang finden.

Vermeiden Sie aber bei Ihrer Werbung schlechten Geschmack und billiges Auftreten -

auch hier! Was zuvor über blinkende Banner, aufdringliche Aufmachung und irreführende Werbung gesagt worden ist, gilt für JEDE Ihrer Seiten – auch wenn diese offiziell dem Allgemeinwohl dienen soll.

Die Newsletter

Newsletter sind periodische Rundschreiben an eine eingetragene Beziehergruppe, die in festen Zeitintervallen per Email verschickt werden. Newsletter kann es über jedes Thema geben, wofür sich ein Interessenkreis findet. Tatsächlich existieren im Internet unzählige Angebote solcher Informationsbroschüren, die per Email versandt werden und deren kostenloser Bezug sich abonnieren lässt. Die Themenvielfalt der Newsletter reicht von den Sorgen eines Kleintierzüchtervereins bis zu seriösen wissenschaftlichen Veröffentlichungen. Zeitschriften verschicken ausgewählte Artikel aus ihren gedruckten Ausgaben als Newsletter, und Interessenverbände unterrichten so Ihre Mitglieder über die aktuellen Vorkommnisse und geplanten Veranstaltungen. Jede Gruppe ist mit irgend einem Newsletter im Internet vertreten und täglich kommen Tausende neu hinzu. Doch trotz oder gerade wegen dieser Vielfalt findet jeder Interessierte sein Spezialgebiet.

Ihr Spezialgebiet, über das Sie ein Newsletter herausgeben sollten, wird natürlich in einem Bereich liegen, in dem Sie sich auskennen. Wie bei allen anderen Rubriken im Internet, werden Sie sich auch hierbei nicht dadurch disqualifizieren, indem Sie über Dinge schreiben, von denen Sie keine Ahnung haben. Bringen Sie Informationen aus Ihrem Fachgebiet und behalten Sie dabei Ihre Zielgruppe fest im Auge. Zum Beispiel könnten Sie über allgemeine Entwicklungen in Ihrem Industriesektor unterrichten. Oder warum verschicken Sie nicht einfach regelmäßig den Inhalt Ihrer aktuellen Informationsseite als Newsletter?

Falls Sie Ihre Informationsseite als Newsletter veröffentlichen, haben Sie keine Angst davor, dass Sie Besucher Ihrer Seite an das Newsletter verlieren. Immerhin schicken Sie mit einem Newsletter auch Ihre Werbung in die Mailbox der Interessenten. Daher haben Sie mit einem Newsletter ganz andere Möglichkeiten, mit Ihren Abonnenten zu kommunizieren. Offline und damit völlig sicher vor irgendwelchen Gebühren, werden Emails meistens gründlicher und aufmerksamer gelesen als jeder andere Beitrag im Internet. Darüber hinaus werden interessante Newsletter nicht selten aufbewahrt und in einer entsprechenden Mailbox abgelegt damit der Empfänger bei Bedarf wieder darauf zurückgreifen kann. Ihre Botschaft, Ihr Name und Ihre Werbung bleiben so auf dem Rechner des Empfängers präsent und erscheinen bei der entsprechenden Stichwortsuche sofort wieder auf dessen Bildschirm.

Vergessen Sie aber auch nicht, dass Sie mit einem guten Newsletter Kompetenz beweisen. Ist es Ihnen erst einmal gelungen, bei Ihren Abonnenten als Autorität auf einem Fachgebiet akzeptiert zu werden, wird es Ihnen leichter fallen, Ihre Produkte oder Ihren Service zu verkaufen. Es ist der gleiche Effekt, der auch eintritt, wenn Sie sich bei Diskussionen in den Newsgroups als Fachmann qualifiziert haben. Mit einem Newsletter wird Ihnen das noch einfacher gelingen, da Sie hierbei die Themen selbst bestimmen. Und wenn Sie erst einmal jemandem mit Ihren Ratschlägen geholfen haben, stehen

Ihnen bei dieser Adresse zukünftig Tür und Tor weit offen.

Wie auch die älteren Artikel Ihrer Informationsseiten, so gehört auch der Inhalt Ihrer älteren Newsletter als Seite ins Internet. Legen Sie ein Archiv an, das über ein Link im aktuellen Newsletter einfach zu erreichen ist. Ist das Newsletter dagegen identisch mit den Beiträgen auf Ihrer Informationsseite, so erübrigt sich ein zweites Archiv natürlich.

Ihnen fallen nicht genügend neue Beiträge ein, über die Sie regelmäßig schreiben könnten? Dann fordern Sie Ihre Leser zur Diskussion heraus oder animieren Sie zu Ratschlägen. Öffnen Sie das Forum für Beiträge Ihrer Leser. An diesem Punkt wird der Übergang zu einer Mailingliste fließend. Andererseits sind Sie dann nicht mehr gefordert, sich selbst immer wieder neue Themen auszudenken und darüber schreiben zu müssen.

Bezieher Ihrer Newsletter-Emails müssen sich wie bei einer Mailingliste mit Ihrer Emailadresse eintragen, um zu abonnieren. Falls Sie Ihre Informationsseite verschicken wollen, bieten Sie dort die Möglichkeit, sich als Abonnent eintragen zu können. Bauen Sie zwei Felder ein, in die Interessenten ihren Namen und ihre Emailadresse eintragen und mit einem Mausklick verschicken können. Sorgen Sie dafür, dass dies problemlos und ohne großen Aufwand erledigt werden kann; aber hüten Sie sich davor, in Dutzenden von Feldern die Lebensgeschichte der zukünftigen Abonnenten abzufragen. Diese werden sich mit Recht weigern, Ihnen die gewünschten Auskünfte zu erteilen und stattdessen lieber auf Ihre Publikation verzichten.

Eine Information über Ihren Newsletter-Dienst – mit der Möglichkeit sich anzumelden - sollte auch auf Ihrer Startseite stehen. Geben Sie Ihren Besuchern einen guten Grund, sich als Bezieher des Newsletters einzutragen. Einfach nur zu sagen, dieser Service sei kostenlos, ist zu billig. Schließlich sind auch die täglichen Junkmails kostenlos – und zu nichts nütze. Überlegen Sie und sprechen Sie es aus: Ihre Informationen helfen bei....? sind nützlich für....? garantieren Wissensvorsprung in....? für welchen Vorteil? usw. Je einzigartiger Ihr Newsletter ist, desto mehr Interesse wird es wecken.

Nach der Anmeldung im Internet sollte eine Seite erscheinen, auf der Sie sich für die Anmeldung bedanken. Es spricht auch nichts dagegen, wenn Sie im Rahmen Ihrer Danksagung auf Ihren weiteren Service im Internet aufmerksam machen, Ihre Mailingliste, das Webboard oder auch andere Newsletter aus Ihrem Hause erwähnen. Bitten Sie Ihre Leser, Ihr Angebot bei Gefallen weiter zu empfehlen. Nicht selten wird vergessen, was man für selbstverständlich hält. Wiederholen Sie immer auch das, was Sie eigentlich für selbstverständlich halten, um es nicht in Vergessenheit geraten zu lassen. Nicht immer muss das, was Sie als selbstverständlich erachten auch für andere zwangsläufig sein.

Stellen Sie eine Seite ins Internet, auf der Sie das Thema und die Absicht Ihres Newsletter beschreiben und auf der sich Interessenten gleich als Abonnenten eintragen können. Tragen Sie diese Seite in die Suchmaschinen ein. Machen Sie im Internet Werbung für Ihr Newsletter, wie Sie dies bereits für Ihre Informationsseite getan haben. Erwähnen Sie Ihr Rundschreiben in Newsgroups, auf Webboards und wo immer es

Ihnen erlaubt ist und Sie die Möglichkeit dazu finden. Setzen Sie einen Vermerk in die Unterschriftsdatei Ihrer Emailsoftware, so dass jeder Kommunikationspartner mit jedem Schreiben automatisch darauf aufmerksam gemacht wird. Informieren Sie Ihre Kunden innerhalb und außerhalb des Internets über diesen neuen Service. Wenn Sie etwas zu sagen haben, das anderen Menschen hilft - und dies sollte in Ihrem Fachgebiet der Fall sein - wird sich Ihr Newsletter im Nu herumsprechen und nach einer sorgfältigen Anfangswerbung ganz allein neue Interessenten anlocken.

Sorgen Sie dafür, dass Ihr Newsletter pünktlich erscheint. Unter allen Umständen sollten Sie vermeiden, dass Sie mit einem Newsletter zwar Ihre Kompetenz mit dem Erscheinungstermin aber Ihre Unzuverlässigkeit beweisen. Seien Sie auch nicht einfallslos, und wärmen Sie keine alten Kamellen auf und versenden Sie nicht die Themen von gestern. Auch sollten Sie nicht das selbe Newsletter ein zweites Mal verschicken, wenn es zum Inhalt keine Ergänzungen oder Neuigkeiten gibt. Für Informationen von früher ist allein Ihr Archiv zuständig.

Melden Sie Ihr Newsletter bei den bekannten Listen für diesen Service an.
Die bekannteste für Deutschland dürfte „lisde.de" sein.
Anmelden können Sie unter: http://www.lisde.de/liste.shtml
International sind Sie mit einem Newsletter bei „liszt.com" gut aufgehoben, dem größten Index mit weit über 100,000 Eintragungen von Mailinglisten und Newslettern.
Ihren Service können Sie unter http://www.liszt.com/submit.html eintragen.

Denken Sie aber auch bitte daran, dass auf jedes Newsletter (wie auch auf jedes Email einer Mailingliste) der Hinweis gehört, wie der Bezieher sich wieder von diesem Service abmelden kann.

Die Linkseite

Wie bereits erwähnt richten Sie auf jeden Fall eine Linkseite ein, auf der Sie alle Links unterbringen, zu denen sie sich im Austausch mit anderen Seitenbetreibern verpflichtet haben. Eine solche Seite vergraben Sie tief in einem Unterverzeichnis im Internet, so dass Besucher nicht zwangsläufig darüber stolpern und von dort aus zu einem gewaltigen Sprung in die endlosen Tiefen des Internets ansetzen. Nachdem Sie mit der Lektüre dieses Buches bis hierher gekommen sind, brauche ich kaum noch zu erwähnen, dass es nicht Ihre Aufgabe sein kann, mühsam erworbene Besucher mit großen, weithin sichtbaren Einladungen woandershin zu schicken. Selbstverständlich legen Sie aber von irgend einer vertretbaren Stelle auf einer Ihrer Seiten eine kleine Verbindung zu dieser Linkseite. Dies sollte als Legitimation ausreichen und die Inhaber der dort aufgeführten Seiten zufrieden stellen. Wie bei JEDER Linkseite werden Sie Verknüpfungen nur mit dem folgenden Befehl einrichten:
 <a href="http://zieladresse.com" **target="extern"**>*Seitennamen</a>*
Damit öffnet sich beim Anklicken ein neues Browserfenster mit der verknüpften Seite, während das Fenster mit Ihrer Domain weiterhin geöffnet und bestehen bleibt.

Doch wir wollen hier nicht von Ihrer alten Linkseite reden, die sich bei gegenseitigen

Links nun einmal nicht umgehen lässt. Es soll auch hier nicht die Rede von den FFA (Free For All Link) Seiten sein, von denen Sie besser die Finger lassen, wenn Sie nicht gerade zu der unseriösen Gruppe der Adressensammler gehören, die keinen Vorwand scheuen, aus irgendeinem Grund ihren Spam verschicken zu dürfen. Doch in diesem Fall hätten Sie sich kaum dieses Buch zugelegt.

Wir sprechen von einer Linkseite, die Sie sich als eigene Werbeplattform aufbauen. Dies kann natürlich nicht von heute auf morgen geschehen, sondern erfordert wochenlanges Surfen und genaue Recherchen. Was Ihre Informationsseite an wöchentlicher oder monatlicher Kleinarbeit einfordert, verlangt eine Linkseite, von der wir hier reden, als Vorarbeit. Danach verrichtet diese ihre Arbeit aber problemlos ohne nach Service oder neuen Inhalten zu verlangen, und schaufelt konstant Publikum auf Ihre regulären Seiten. Außerdem wird es Ihnen mit einem kleinen Trick gelingen, in kürzester Zeit die Basisversion einer solchen Seite zusammenzubauen und online zu stellen.

Sinn und Zweck

Zunächst müssen Sie sich darüber klar werden, dass diese Linkseite nur die Aufgabe hat, von möglichst vielen Internetnutzern als Orientierungspunkt angesteuert oder im Idealfall sogar als Startseite eingerichtet zu werden. Diese Seite sollte also unbedingt den Weg in die Lesezeichen möglichst vieler Surfer finden. Wenn Sie dies erreichen, haben Sie eine permanente und kostenlose Werbefläche geschaffen.

Deshalb muss diese Seite etwas bieten, sorgfältig recherchiert, exakt bearbeitet und hin und wieder auf den neuesten Stand gebracht werden. Während am Kopf und am Fußende einer solchen Seite dick und fett Ihre Werbebanner mit Verknüpfungen zu Ihren Seiten prangen, sollten Sie von Ihren anderen Seiten jedoch keinen einzigen Link zu diesem Sprungbrett ins Internet legen. Bildlich gesprochen müssen Sie sich eine solche Linkseite nämlich als einen breiten Trichter vorstellen, der am spitzen Ende kerzengerade auf Ihr Angebot weist und dort dann mit einem Rückschlagventil ausgestattet ist, sodass kein Link zurückführt. Ist eine solche Linkseite wirklich gut, hat sie einen Link von Ihren Seiten ohnehin nicht mehr nötig.

Der Anfang

Ihre Linkseite muss ein Wegweiser durch das Internet werden, indem sie anderen Nutzern Verknüpfungen zu wichtigen Seiten des Internets anbietet. Jetzt erschrecken Sie nicht gleich vor einer so komplexen Aufgabe. Ganz sicher hätten Sie dieses Buch kaum gekauft, wenn Sie bereits ein Spezialist des Internets wären und wüssten, wo Sie „die wichtigen" Seiten des Internets selbst finden könnten, die jetzt auf einer solchen, von Ihnen geschaffenen Seite erscheinen sollten.

Ganz oben auf die Linkseite gehört zunächst einmal unübersehbar Ihr Firmenname und der Hinweis, dass Ihre Firma diese Seite sponsert. Sowohl mit einem Mausklick auf Ihr Logo wie auch über einige Werbebanner sollten die Besucher direkt zu Ihren Hauptseiten gelangen. Richtig, hier können Sie Banner einsetzen, um sich gegen die – hoffentlich interessanten - Links zu behaupten. Darunter gehört ein Hinweis, man möge doch diese Seite seinen Freunden und Bekannten als nützliches Sprungbrett ins Internet weiterempfehlen und sie sich selbst zur Startseite machen. Am Ende der Seite wiederholen Sie Ihre Werbung abgewandelt.

Schon längst haben Sie sich entschieden, ob Ihre Internetpräsenz in Deutsch oder international in Englisch stattfindet. Sie haben diese Entscheidung anhand Ihrer Zielgruppe und Ihres Marktes getroffen. So werden Sie englisch vorziehen, wenn Sie international arbeiten, bei einer deutschen Zielgruppe dagegen eher die deutsche Sprache wählen. Auf Ihrer Linkseite werden sich Ihre Verknüpfungen nach dieser Entscheidung richten. Doch auch als rein deutscher Anbieter können Sie es nicht umgehen, auch englischsprachige Seiten in Ihre Liste aufzunehmen. Die Sprache des Internets ist nun einmal Englisch und das Internet ist ein internationales Medium.

Fangen Sie zunächst einmal damit an, andere Linkseiten zu studieren und deren Inhalt zum Teil zu übernehmen. Allgemeingültige und wichtige Links sind nicht Eigentum von irgend jemandem und können somit auch nicht geschützt werden. Niemand wird fragen oder jemals herausfinden, ob Sie die aufgeführten Adressen selbst entdeckt oder eigenhändig kopiert haben. Vielleicht ordnen Sie Links unter neuen Gesichtspunkten, geben eigene Erklärungen dazu ab und gestalten Ihre Seite übersichtlicher, um sich dadurch von den Ursprungsseiten abzuheben. Zum Beispiel ist es nicht nur ungewöhnlicher, sondern sieht auch ordentlicher aus, wenn man Verknüpfungen nebeneinander in verschiedenen Tabellen unterbringt, anstatt eine ellenlange Liste anzufertigen, wie sie im Internet allenthalben zu sehen sind. Sie können für jede Rubrik eine eigenständige Tabelle anlegen und jede mit einer anderen Hintergrundfarbe belegen. So geben Sie Ihren Besuchern einen besseren Überblick und steigern dadurch die Beliebtheit Ihrer Seite. Geizen Sie nicht mit Querverweisen innerhalb der Seite, so dass Besucher einfach von einer Rubrik zur anderen springen können. Mit ein wenig Übung sollte so eine funktionstüchtige Seite in ein paar Stunden angelegt sein.

Lassen Sie sich von dem Inhalt folgender Linkseiten inspirieren.

Deutschsprachige Linkseiten:

BSZ	http://www.bsz-bw.de/links/
Crazynet	http://www.crazynet.ch/
Deutschsprachige Presse	http://www.uni-bielefeld.de/~felixbub/dtpresse.html
Deutsche Telekom	http://www.telekom.de/untern/aktuell/surfbrett/
Internetfocus	http://www.internetfocus.net/de/fax/
Linkprofi	http://www.linkprofi.de/
kleine LinkSammlung	http://members.chello.at/greier-greiner/b-linkseite.html
Nachschlagewerke Enzyklopädien	http://ub.univie.ac.at/Homepage/enzyklopaedien.htm
Stadtbücherei Ravensburg	http://www.stadt-ravensburg.de/stadtbue/surfen.htm
top line	http://www.top-line.de/links.htm

Englischsprachige Linkseiten mit internatonalen Links:

firstworldwide.co	http://www.worldyellowpages.com/
Freestuff	http://www.truefreestuff.com/links.htm
Interlinks	http://alabanza.com/kabacoff/Inter-Links/
Internet Connections	http://sirius.we.lc.ehu.es/internet/inet.services.html

One Stop Internet Connection	http://208.55.10.131/index.html
The Grandfather of All Links	http://www.ecki.com/links/links.htm
The LLNL List of Lists	http://www.llnl.gov/llnl/lists/listsl.html
The WWW Virtual Library	http://vlib.org/Overview.html
Theyellowpage.com	http://theyellowpage.com/
WTDB	http://www.wtdb.com/links/links.htm

Suchen Sie weitere Linkseiten. Gehen Sie einfach zu einer deutschen Suchmaschine (z. B. Yahoo.de) und geben Sie "Linkseite" ein. Sie sollten unter all den Treffern einige finden, die Ihnen nützlich sein werden. Fallen Ihnen Firmen, Institute, Referenzen ein, die Sie gern auf Ihrer Linkseite veröffentlicht hätten, so suchen Sie in den Suchmaschinen nach den entsprechenden Internetadressen. Wahrscheinlich werden Sie fündig und haben wieder einen weiteren Link für Ihre Sammlung. Ausgezeichnete Quellen sind auch Linkseiten von Zeitungs- und Zeitschriftenverlage sowie von Fernsehanstalten. Weisen Sie auf Ihrer Seite aber stets darauf hin, dass Sie für die Inhalte der gelinkten Seiten keine Verantwortung übernehmen. Neue deutsche Rechtssprechung macht dies offenbar notwendig.

Folgende Rubriken könnten auf Ihrer Linkseite vertreten sein:
1. Zum Thema Internet: Werbung, Gestaltung, Quellen, sonstige wichtige Adressen
2. Allgemein: Länder, Behörden, Institute
(richten Sie diese Informationen schon ein wenig nach ihrer Branche aus)
3. Online Telefonbücher
4. Wissenschaft und Technik. Hierher gehören die Adressen verschiedener Institute, Universitäten aber auch Fachzeitschriften.
5. Eine Auswahl internationaler Zeitschriften und Magazine.
6. Unterhaltung. Diese Rubrik sollte sich nach Ihren eigenen Interessen richten oder danach, was Ihre Klientel bevorzugt.

Die obige Aufzählung lässt sich beliebig verlängern. Wenn Sie andere interessante Linkseiten besuchen, werden Sie selbst auf neue Ideen für weitere Rubriken stoßen.

Die zielgerichteten Links

Der oben genannte Leitfaden ermöglicht es Ihnen, sich innerhalb kürzester Zeit eine entsprechende Linkseite zusammenzubasteln und diese ins Internet zu stellen. Genau dies sollten Sie auch so rasch wie möglich tun, ohne endlos darauf zu warten, bis Ihr Werk eines Tages hundertprozentig fertiggestellt oder gar vollständig sein wird, denn dies wird niemals der Fall sein, da sich Links fortlaufend ändern und ständig neue hinzukommen werden. Sie sollten Ihre Arbeit darauf beschränken, Ihre Linkseite hin und wieder zu ergänzen und von nicht mehr funktionierenden Verknüpfungen zu bereinigen.

Allerdings nutzt Ihnen eine Linkseite nur dann als Werbeplattform, wenn sie zielgerichtet Ihre Klientel anspricht. Nun kommen wir also an einen Punkt, wo es nicht mehr damit getan ist, von anderen Seiten abzuschreiben. Denn jetzt sollten Sie die Kategorien einrichten, die sich speziell auf Ihre Branche beziehen. Letztendlich muss es nämlich Ihr Ziel sein, vor allem eine Linkseite für Ihre Branche zu erstellen. Um das zu erreichen, müssen Sie sich unter einigen Rubriken auf solche Seiten konzentrieren, die für Ihre Branche Hilfe oder allgemeine Informationen anbieten. Dies können wissenschaftliche Veröffentlichungen sein, allgemein notierte Marktpreise, Umrechnungskurse, Übersetzungshilfen oder ähnliches. Wenn Sie einmal darüber nachdenken, was Sie selbst gern aus dem Internet erfahren möchten und gezielt danach suchen, werden Sie ziemlich schnell auf die geeigneten Seiten stoßen. Natürlich tauchen dann (hoffentlich) auch Ihre eigenen Informationsseiten in dem Suchergebnis auf, die Sie auf Ihrer Linkseite unbesorgt ein wenig hervorheben dürfen.

Dass aber Ihre Konkurrenz auf dieser Seite nichts zu suchen hat, versteht sich von selbst. Allerdings sollten Sie auch Ihre ursprüngliche Linkseite (die Links auf Gegenseitigkeit), die Sie nach wie vor als Legitimation brauchen, auch nicht mit dieser Linkliste verschmelzen. Denken Sie daran, dass keine Verknüpfung von Ihren übrigen Seiten auf unsere hier besprochene Linkseite weisen darf. Für Firmen, die mit Ihnen gegenseitige Links vereinbart haben ist eine solche Einstellung nicht akzeptabel.

Nun nur noch ein bisschen Werbung...

Leider bleibt es Ihnen nicht erspart, mit Ihrer neuen Linkseite noch einmal den gleichen Weg zu beschreiten, den Sie mit allen Ihren anderen Seiten auch schon gegangen sind. Wir gehen davon aus, dass Ihre Werbebanner auf der Linkseite gut platziert sind und auch in den entsprechenden Rubriken Ihre eigene Firma ein wenig fetter gedruckt erscheint – aber auch, dass alle Verknüpfungen funktionieren und auch die Metatags eingetragen sind. Übrigens dürfen Sie bei der Auswahl Ihrer Stichworte jetzt aus dem vollen schöpfen; und auch bei der Beschreibung der Seite brauchen Sie sich nicht bescheiden zurückzuhalten. Schauen Sie sich Ihre Links einmal an und legen Sie danach los, Ihre Seite zu beschreiben!

Da sich natürlich auch am Fußende dieser Seite Ihr Firmennamen mit Kontaktnummer und Ihre Emailadresse wiederfindet, empfiehlt es sich, hierfür eine eigene Emailadresse einzurichten, die vielleicht lauten könnte „weborganisator@ihredomain.com" oder „linkmaster@ihredomain.com". Dies dient nicht nur dazu, Ihrer Webpräsenz ein besseres Image zu verleihen, sondern auch, um alle Emails von dieser Seite aus Ihrer Geschäftspost zu filtern, denn Sie werden von nun an auch einige Post von Leuten erhalten, die sich nur mit Ihrer Linkseite beschäftigen, in die Liste aufgenommen werden möchten oder über verfallene Links berichten wollen.

Nachdem diese ganze Vorarbeit erledigt ist beginnt erneut der Gang durch die Suchmaschinen, so wie wir ihn weiter vorne beschrieben haben. Allerdings wird der Bekanntheitsgrad Ihrer Linkseite nach und nach eine Eigendynamik entwickeln, die nicht zuletzt davon abhängt, wie interessant Sie diese Seite gestaltet haben. Wenn Sie eine solche Linkseite liebevoll pflegen, wird sie Ihnen viele Jahre lang als Werbeplattform nützliche Dienste leisten.

Das eigene Webboard

Schneller, leichter und einfacher geht es, wenn Sie ein eigenes Webboard einrichtet. Webboards haben wir bereits kennengelernt als wir darüber sprachen, wo überall wir im

Internet werben dürfen. Wenn Sie uns bis hierher begleitet und auch schon einige der Ratschläge ausprobiert haben, sind Sie sicherlich selbst schon auf Webboards gestoßen, die mehr oder weniger viele Eintragungen enthielten. Wahrscheinlich sind Sie sogar in der Lage, anhand der Eintragungen und des jeweiligen Datums zu bestimmen, welche Boards stark und welche weniger stark frequentiert sind. So gibt es Boards mit zwanzig oder mehr neuen Angeboten pro Tag und andere, die es nur auf eine Handvoll Eintragungen im ganzen Monat bringen. Nun heißt dies allerdings nicht, dass bei den Webboards mit vielen Veröffentlichungen diese alle eigenhändig eingetragen worden sind. In dem einen oder anderen Fall hat sicherlich eine entsprechende Software oder ein Serviceunternehmen nachgeholfen, so dass nicht alle Werbetreibenden, deren Nachricht Sie hier finden zwangsläufig auch auf dieser Seite gewesen sein müssen. Doch sollten Sie nicht vergessen, dass es nur der kleinere Besucheranteil ist, der hier wirbt, während weitaus mehr Menschen die Webboards „unbemerkt" besuchen, um die Anzeigen zu studieren. Darunter gibt es nicht wenige, die regelmäßig wiederkommen. Wenn wir nur einmal annehmen, dass auf jede Anzeige zwei unsichtbare - weil nur lesende - Besucher kommen, so errechnen wir bei täglich zwanzig neuen Postings schon sechzig Besucher pro Tag. Das sind sechzig Menschen, die Sie mit einer gezielten Werbung am Kopfende des Webboards Tag für Tag auf Ihre Seiten locken können. Gehen Sie aber ruhig davon aus, dass das Verhältnis von sichtbaren Werbetreibenden zu schweigenden Lesern um ein Vielfaches höher liegt. In der Tat haben wir mit einem eigenen Webboard, auf dem täglich etwa 30 bis 40 neue Einträge erscheinen, zwischen 400 und 500 Besucher pro Tag (nur für das Webboard). Dies entspricht einem Verhältnis von 1:11.

Daran erkennen Sie wieder einmal die Wirkung des Internet-Prinzips: biete etwas kostenlos und profitiere davon! Der Nutzen ist gerade hier besonders groß, wo Ihr kostenloser Service weder viel Arbeit erfordert noch etwas kostet. Jeder vernünftige Provider sollte Ihnen auf seinem Server die Möglichkeit einräumen können, zumindest ein Webboard nach Ihren Wünschen zu installieren und zu betreiben. Sollte dies Probleme bereiten, wechseln Sie den Provider. Allerdings können Sie sich auch mit dessen Hilfe ein eigenes Webboard zusammenbasteln. Das ist gar nicht so schwierig. Schauen Sie einmal in Matt's Script Archive „http://worldwidemart.com/scripts/" dort werden Sie recht einfache Softwarelösungen finden.

An das Kopfende des Webboards - unter einem treffenden Titel, der die Aufgabe des Webboards umschreibt - gehört Ihr Firmenname, der natürlich mit einem Link auf Ihre Homepage verweist. Um verirrte Besucher auf die Intention Ihres Webboards aufmerksam zu machen, sollten Sie schon bei der Überschrift eine genaue Bezeichnung wählen - zum Beispiel „XY's Webboard für Autoersatzteile" oder "Surplus Machinery" (wenn Sie international Maschinen anbieten). Darunter gehört eine kurze Erklärung für welche Klientel dieses Webboard ausschließlich gedacht ist. Ähnliche Erklärungen schreiben Sie in die Metatags, denn auch diese Seite werden wir bei den Suchmaschinen anmelden.

Vergessen Sie aber auch nicht den eigentlichen Grund, weshalb Sie dieses Webboard überhaupt einrichten: reservieren Sie einen ausreichend großen Abschnitt für Ihre Werbung. Dies ist Ihre Seite und Ihr kostenloser Service und es steht Ihnen frei, hier eindrucksvoll Werbung zu treiben - wie Sie es auf Ihren anderen „Service-Seiten" auch getan haben. Denken Sie aber auch an die entsprechenden Links, damit jeder Interessent mit einem Mausklick an der richtigen Stelle auf Ihren regulären Seiten landet. Wenn Sie nicht wissen, wie groß Ihre Werbung maximal sein sollte, so orientieren Sie sich an Ihrem guten Geschmack und achten Sie darauf, dass auch Besucher mit einem kleineren Monitor zumindest ab der zweiten Hälfte des Bildschirms sehen, dass es sich hier tatsächlich um ein Webboard und nicht um eine Plakatwand handelt.

Wie für alles andere müssen wir nun auch für das Webboard im Internet trommeln. Dazu setzen wir wieder alle Möglichkeiten ein, die wir schon kennen. Setzen Sie Ihr Webboard auf die Suchmaschinen und Linkseiten. Vergessen Sie auch nicht die Newsgroups und die Mailinglisten als Werbeträger. Annoncieren Sie Ihr Webboard auf anderen Boards - allerdings nur dann, wenn auch diese Ihre Branche bedienen und Ihre Werbung dulden. Denken Sie daran: jetzt werden auch Sie bald dankbar sein, wenn niemand Ihr Webboard missbraucht.

Bei aller Werbung werden Sie recht schnell feststellen, dass kostenlose Angebote im Internet nach kurzer Zeit zu Selbstläufer werden, die ohne Ihr weiteres Zutun immer mehr Besucher anlocken. Es liegt natürlich an Ihnen, dafür zu sorgen, dass die Qualität Ihres Webboards die richtige Klientel anspricht und sich so zu einem Geheimtipp im Internet entwickelt, den man seinen Freunden und Geschäftspartnern weiterempfiehlt.

Konzentrieren Sie sich bei der Auswahl der Themen vor allen Dingen auf Ihre Klientel. Ihnen ist nicht damit gedient Hinz und Kunz auf Ihre Seiten zu locken damit sich dort viel bewegt. Je spezialisierter Sie ein Thema abhandeln, um so sicherer können Sie sein, dass Sie den richtigen Kundenkreis ansprechen. Am besten konzentrieren Sie sich auf ein Spezialgebiet Ihrer Branche. Machen Sie aber nicht den Fehler, Ihr Webboard zum Handelsplatz ausgerechnet der Waren werden zu lassen, die eigentlich Sie auf Ihren Seiten verkaufen wollen. Allerdings können Sie wahrscheinlich unbedenklich ein Forum für gebrauchte Geräte oder Teile einrichten, wenn Sie mit neuen Produkten handeln.

Ein Webboard braucht sich aber nicht darauf zu beschränken, als Marktplatz zu fungieren. Wenn es Ihnen zu risikoreich erscheint, dass vor Ihrer „Haustür" mit einem ähnlichen Warensortiment gehandelt wird, wie Sie es verkaufen, so können Sie das Webboard auch dazu benutzen, Kunden ihre Erfahrungen austauschen zu lassen. Machen Sie es zu einem Forum, in dem international über Probleme Ihrer Branche diskutiert, gemeinsame Aufgaben besprochen, oder anderweitig Kontakte gepflegt werden. Wenn sich eine ausreichend große Anzahl potentieller Kundschaft dafür interessiert ist kein gemeinsames Thema zu abwegig, als dass nicht darüber debattiert werden könnte. Für Sie gibt es nur eine Beschränkung: das Webboard sollte nicht zu einem Forum für Ihre Konkurrenz werden.

Erst einmal auf den Geschmack gekommen könnte Ihnen einfallen, mehrere Webboards zu betreiben. Nehmen wir einmal an, Sie stellen ein Getränk her, das Sie international vertreiben wollen und nutzen das Internet um neue Kunden zu gewinnen. In einem solchen Fall wären vielleicht folgende Webboards geeignet: "Board für gebrauchte Abfüllanlagen", das dazu dienen kann, Handelspartner für zukünftige Vertriebswege zu finden; "Diskussionsforum für den Getränkegroßhandel", um diese Sparte für sich zu gewinnen und eine "Sammlerbörse für Bierdeckelsammler", um den Endkunden zu erreichen. Natürlich fallen Ihnen noch ganz andere und viel bessere Möglichkeiten ein, wenn es um Ihre eigene Branche geht. Mein Beispiel soll Ihnen nur einmal die Möglichkeiten von Webboards vor Augen führen und ist auch nicht der Weisheit letzter Schluss, zumal ich mit der Getränkeindustrie keinerlei Erfahrung habe. Wenn Sie sich hinsetzen und über Ihre eigenen Möglichkeiten nachdenken, und Sie sich überlegen, wo überall Sie Ihre Kundschaft finden, wofür diese sich interessiert und wie Sie diese erreichen können, werden Ihnen Dutzende Möglichkeiten für ein Webboard einfallen.

Beschränken Sie sich aber alles in allem auf maximal zwei Boards mit völlig unterschiedlichen Themen, wenn Sie nicht wollen, dass sich Ihre Besucher verlaufen, nicht wissen, welches Board wofür bestimmt ist und somit ihre Beiträge wahllos verteilen. Am besten installieren Sie nur jeweils ein Board seiner Art. Das heißt in unserem oben beschriebenen Fallbeispiel: nur ein Diskussionsforum, oder nur ein Webboard auf dem gehandelt wird und nur eine Sammlerbörse. Trennen Sie die Boards voneinander. Machen Sie deutlich, wo es zu welchem Webboard geht und wofür das jeweilige bestimmt ist. Sonst haben Sie im Nu ein völliges Durcheinander, so dass sogar ein anfangs gut geführtes Board am Ende nur noch wie eine Müllhalde wirrer Beiträge aussieht. In einem solchen Fall können Sie dann soviel Werbung machen wie Sie wollen, die wenigsten werden sich noch dafür interessieren. Auch wird es Ihnen nicht erspart bleiben, Ihre Webboards hin und wieder zu kontrollieren, zu säubern oder gegebenenfalls zu ersetzen, wenn die Anzahl der Beiträge zu hoch, die Datei zu groß und damit die Ladezeit unzumutbar gestiegen ist.

Starten Sie ruhig mehrere Webboards. Wird das eine oder andere vom Publikum nicht angenommen, so zögern Sie aber nicht, dieses sterben zu lassen. Auch wenn nichts dagegen spricht, dass Sie eine Zeitlang mit mehreren Boards experimentieren, um herauszufinden, welches am besten von Ihrer Zielgruppe frequentiert wird, so ist es doch völlig ausreichend, wenn Sie dauerhaft nur ein einziges, gutbesuchtes Webboard betreiben.

Halten Sie auf Ihrem Webboard Ordnung. Doch zwingen Sie Ihre Besucher nicht in ein unbequemes Schema. Ihr Webboard sollte einfach zu erreichen und leicht zu bedienen sein. Überlassen Sie komplizierte Eingänge, Passwortabfragen und Seiten auf denen sich Besucher registrieren müssen ausschließlich solchen Anbietern, die für die Nutzung ihrer Boards Geld verlangen. Es gibt nur wenig Boards, denen es gelungen ist, mit komplizierten Prozeduren eine ansehnliche Besucherzahl zu halten. Diese sollten nicht Ihr Vorbild sein, denn Sie wollen ja über Ihr Webboard Kunden auf Ihre Seiten bekommen. Und dies geht nun einmal am einfachsten auf dem direkten Weg - auch wenn damit Softwareherstellern alle Türen geöffnet werden, um auch für Ihr Webboard ein Script zu erstellen, mit dem Beiträge automatisch platziert werden können. Was interessiert Sie, ob ein Werbetreibender persönlich auf Ihren Seiten war oder eine Software den Beitrag geschickt hat? Wichtig ist nur die Gesamtzahl der Besucher. Unabhängig wie eine Werbung Ihr Board erreicht hat, erhöht sie letztendlich nur die Attraktivität dieses Services und demonstriert darüber hinaus wie begehrt diese Seite ist!

Fangen Sie aus falsch verstandener Ordnungsliebe auch nicht damit an, ein gut besuchtes

Webboard in Kategorien einzuteilen. Nehmen wir das Beispiel mit den gebrauchten Maschinen, um Ihnen zu zeigen, was ich damit meine. Angenommen Sie haben auf einem „Maschinen-Board" jeden Tag einige Dutzend Beiträge, dann wäre es fatal, wenn Sie jetzt für jede Maschinenkategorie eine eigene Seite einrichten würden. Das Resultat wäre nicht nur, dass Besucher umständlich suchen müssten, um irgendwann auf die gewünschte Seite zu gelangen, durch die Aufteilung gibt es dann in jeder Kategorie nur noch ganz wenige Beiträge, die mit ihrem mickrigen Auftreten mehr abschrecken als animieren und den Eindruck vermitteln, dass sich kaum jemals jemand hierher verirrt. Leider gibt es diese negativen Beispiele zuhauf.

Für alle Ihre Internet-Angebote sollte das gleiche Prinzip gelten wie für einen funktionierenden Computer: Finger weg, wenn alles läuft! Oder: "Never touch a running system!" Widerstehen Sie allen Versuchen eine wirksame Einrichtung verschlimmbessern zu wollen! Investieren Sie Ihre Arbeit in die Verbesserung Ihrer regulären Seiten, erneuern Sie Ihre Informationsseiten und erarbeiten Sie regelmäßig ein neues Newsletter, kontrollieren Sie die Links auf Ihrer Linkseite, nehmen Sie aber keine grundlegenden Veränderungen an der Struktur funktionierender Selbstläufer vor. Dies gilt für Webboards genauso wie für Mailinglisten und andere von Ihren Gästen benutzten und bevorzugten Einrichtungen, denn meistens kommt nichts besseres dabei heraus. Einzig Eingriffe in die Rubrik, wo Ihre Werbung steht, sind nach einem erfolgreichen Durchbruch noch gestattet. Gewöhnen Sie sich daran, dass nach einer gewissenhaften Einführung vieles im Internet völlig selbständig läuft und sich allein entwickelt.

Mailinglisten

Wie bei einem Newsletter erreichen Sie auch bei einer Mailingliste Ihre Kunden zielgenau, denn niemand wird sich als Empfänger registrieren, wenn ihn das behandelte Thema nicht interessiert. Doch im Gegensatz zu einem Newsletter kann zu einer Mailingliste jedermann seinen Beitrag schicken. Damit entfällt für den Betreiber, sich über die jeweiligen Beiträge selbst Gedanken machen zu müssen. Nachdem Sie bei Ihrem Provider eine Mailingliste eingerichtet und diese auf dem üblichen, uns nun hinreichend bekannten Weg publik gemacht haben, bleibt für Sie eigentlich nur noch die Aufgabe, jeglichen Missbrauch der Liste auszuschließen. In dieser Hinsicht gehört auch eine im Internet erfolgreich installierte Mailingliste zu den Selbstläufern – ein wenig wiederholte Werbung einmal im Monat vorausgesetzt.

Die meisten Mailinglisten gestatten es nur solchen Personen Beiträge an die Liste zu schicken, die auch als deren Bezieher eingetragen sind. Wir raten Ihnen zu der gleichen Vorgehensweise, denn nicht zuletzt ist es auch in Ihrem Interesse, dass sich so viele „gute" Leute wie möglich als Abonnenten Ihrer Mailingliste eintragen und nicht Hinz und Kunz von irgendwo irgend welchen Müll schickt. Außerdem behalten Sie auf diese Weise die Kontrolle über die Einsendungen und brauchen nur von der Bezieherliste streichen, wer die Liste missbraucht, um Übeltäter für immer auszuschließen.

Aber auch Sie selbst sollten Ihre eigene Liste nicht missbrauchen. Wenn die Hälfte aller Beiträge in Ihrer Mailingliste nur aus Ihrer Werbung besteht, dürfen Sie sich nicht wundern, wenn Ihnen die Bezieher davonlaufen. Allerdings haben Sie es nicht nötig, fortwährend in Ihrer eigenen Mailingliste zu werben. Eine kleine Werbezeile am Anfang oder am Ende von jeder Nachricht als festinstallierte Dauereinrichtung ist durchaus akzeptabel und wird von jedem Empfänger respektiert werden. Schließlich erwartet niemand, dass Sie diesen Service ganz selbstlos zur Verfügung stellen.

Vergewissern Sie sich, dass Ihr Provider Möglichkeiten für eine Mailingliste anbietet. Nahezu jeder größere Provider ermöglicht heutzutage seinen Mitgliedern eine oder mehrere Mailinglisten zu betreiben. Auf einer Kontrollseite auf dem Server Ihres Providers müssen Sie den Namen Ihrer Mailingliste angeben, ein paar kurze Zeilen formulieren, die als Begrüßung an neue Mitglieder verschickt werden, sowie einen Text, der solche Kandidaten verabschiedet, die Ihre Liste wieder verlassen wollen. Weiterhin müssen Sie eine Emailadresse bestimmen, unter der sich neue Mitglieder eintragen und eine andere, zu der diese ihre Beiträge schicken können. Dabei werden die einzelnen Beiträge auf dem Rechner Ihres Providers automatisch an die einzelnen Empfänger verteilt, so dass kein Empfänger die Emailadressen der Abonnenten zu sehen bekommt. Sie dagegen können die „Subscriberliste" auf Ihrer Kontrollseite nicht nur sehen sondern auch manuell bearbeiten, Adressen hinzufügen und andere löschen. Weitere Rubriken ermöglichen Ihnen den Kopftext und die Fußnote, die mit jedem Betrag geschickt wird zu gestalten. In diese Zeilen gehört dann unter anderem Ihre - nicht allzu aufdringliche - Werbung. Darüber hinaus legen Sie fest, ob Ihre Mailingliste zeitgleich mit den jeweiligen Beiträgen, in einem festen Turnus - einmal oder mehrmals wöchentlich – verschickt wird oder ob Sie diese Entscheidung den Mitgliedern selbst überlassen wollen. Nachdem dies alles erst einmal erledigt ist, läuft der Rest automatisch ab.

Stellen Sie Ihre Mailingliste unter ein fest umrissenes Motto und geben Sie ihr einen aussagekräftigen Namen. Weisen Sie in dem Schreiben, mit dem Sie neue Mitglieder begrüßen ausführlich darauf hin, wofür Ihre Liste bestimmt ist. Es schadet auch nichts, zu erwähnen, welche Beiträge Sie hier nicht sehen möchten. Vergessen Sie nicht: jeder Beitrag kommt als Email und jeder „unpassende" Beitrag ist Junkmail und fällt eigentlich unter die Rubrik Spam.

Annoncieren Sie Ihre Mailingliste im Internet. Melden Sie diese bei den bekannten Listen für diesen Service an.

Die bekannteste Liste für Deutschland dürfte „lisde.de" sein.
Anmelden können Sie unter: http://www.lisde.de/liste.shtml
International sind Sie mit einer englischsprachigen Mailingliste bei „liszt.com" gut aufgehoben. Dies ist der größte Index weltweit mit über 100,000 Eintragungen von Mailinglisten und Newslettern.
Ihre Liste können Sie eintragen unter http://www.liszt.com/submit.html

Stellen Sie eine Seite ins Internet, auf der Sie Ihre Mailingliste ausführlich erklären. Das dient Ihnen zur Werbung und eröffnet Ihnen die Möglichkeit, Ihre Mailingliste bei den Suchmaschinen anzumelden. Geben Sie Interessenten auf dieser Seite auch die Gelegenheit, sich einzutragen. Am wirkungsvollsten ist eine kleine Maske von zwei Zeilen, die lediglich Name und Emailadresse des Subscribers abfragt. Lange

Eingabefelder, in denen nach Adresse, Telephonnummer, womöglich noch nach Beruf und Einkommensklasse gefragt wird, sollten Sie wieder vermeiden, da es nicht nur wegen des damit verbunden Aufwands abschreckt.

Setzen Sie aber auch in die Unterschriftsdatei Ihrer Emails einen Hinweis auf Ihre Mailingliste, so dass dieser Hinweis mit jedem Email verschickt wird. Steht dort bereits Ihr Newsletter-Service oder Ihre Informationsseite oder Ihr Webboard, so tauschen Sie die Einträge wöchentlich aus, so dass jede Woche für eine andere Einrichtung geworben wird. Wenn sich die Fußnote in Ihren Emails darüber hinaus immer wieder ändert, so erregt dies mehr Aufmerksamkeit als wenn dort jahraus jahrein derselbe Text stehen würde.

Erwähnen Sie Ihre Mailingliste in der Kopfzeile Ihres Webboard - gleich unter Ihrer Firmenwerbung. Vielleicht hilft Ihnen Ihr Provider mit einem Script, damit sich Abonnenten auf dieser Seite auch schon eintragen können. Menschen, die sich für Ihr Webboard interessieren, werden meistens nicht zögern, sich auch in die Mailingliste einzutragen. Werben Sie auf anderen Webboards für Ihre Mailingliste. Achten Sie aber bitte darauf, dass diese Webboards dies auch erlauben und sich auch tatsächlich mit Angeboten Ihrer Branche befassen.

Als wir vor einigen Jahren eine Mailingliste eingerichtet haben, hatten wir innerhalb weniger Wochen schon einige hundert Abonnenten. Daher werden Sie als Betreiber einer Mailingliste bald über genügend Emailadressen verfügen, an die Sie dann Ihre eigene Werbung schicken könnten. Denken Sie aber nicht einmal daran! Nutzen Sie die Adressen auf keinen Fall für eigene Werbeschreiben. Als Eigentümer einer Mailingliste tragen Sie eine besondere Verantwortung und sollten unerwünschte Mailings von den Empfängern so gut wie irgend möglich fernhalten, sonst laufen Ihnen die Menschen ganz schnell davon. Im Fall, dass die Software Ihres Providers dies nicht sowieso automatisch erledigt, müssen Sie auch jeden unverzüglich aus der Empfängerliste austragen, der dies wünscht. Anderenfalls ist eine Mailingliste nicht weit von Spam entfernt.

Downloads

Sie kennen diese Angebote bereits von Ihrem Internetprovider und vermuten jetzt sicherlich, dass es nicht Ihre Aufgabe sein kann, Software zum Herunterladen bereit zu stellen. Was hätten Sie denn auch schon groß anzubieten? Auf keinen Fall sollten Sie - wie leider viel zu oft zu sehen - Links zu Softwareanbietern wie Microsoft oder Netscape auf Ihre Homepage stellen, in der irrigen Annahme, jemand, der im Internet auf Ihre Seiten gestoßen ist, könnte vielleicht noch über keinen Browser verfügen. Abgesehen davon gehören Downloads sowieso auf eine extra Seite und sollen dort für Sie arbeiten – keinesfalls aber für Microsoft oder Netscape.

Eine eigene Downloadseite soll Ihnen zur Ehre gereichen, Besucher anlocken und darüber hinaus als Ihre Werbefläche zur Verfügung stehen. Außerdem dient sie dazu, um selektiv Emailadressen zu sammeln. Dies gilt hauptsächlich dann, wenn jemand sich für

Ihre branchenspezifischen Downloadangebote interessiert, von denen wir gleich hören werden.

Aber was können Sie nun als Download eigentlich zur Verfügung stellen? Ganz sicher können Sie Shareware und Freeware anbieten, die auch an anderen Stellen im Internet zum kostenlosen Download bereit steht. Erkundigen Sie sich aber zuvor beim Eigentümer, was davon tatsächlich „frei" ist und was Sie anbieten dürfen. Hüten Sie sich aber davor, Verknüpfungen zu den Seiten der Softwarehersteller einzurichten. Ihr Link sollte ausschließlich auf den Download weisen und nichts weiter tun als diesen starten. Surfer, die plötzlich beim Softwarehersteller landen und von dort ins Nirgendwo surfen, sind nicht in Ihrem Interesse. Testen Sie also Ihre Links bevor Sie die Seite publik machen und verzichten Sie in Zweifelsfall lieber auf das eine oder andere Software-Angebot.

Der überwiegende Teil der Software sollte allerdings auf Ihre Branche zugeschnitten sein und für diese nützliche Dienste verrichten. Dabei reicht es manchmal, wenn ein kurzer erklärender Text darauf hinweist, was für gute Dienste die eine oder andere Software in Ihrem eigenen Betrieb leistet, um zu erklären, weshalb ausgerechnet Sie zum Software-Anbieter geworden sind. Sieht eine solche Erklärung einigermaßen plausibel aus, so spricht auch nichts dagegen, wenn Sie in einer Unterrubrik weitere, etwas weniger branchenspezifische Software anbieten.

In der Rubrik der Downloads für Ihre Branche muss nicht zwangsläufig nur Software untergebracht sein. Warum stellen Sie auf eine solche Seite nicht einfach Dateien zur Verfügung, die als typischer Service aus Ihrem Hause gelten könnten? Wie wäre es zum Beispiel mit speziellen Formularen und Anträgen, die in Ihrer Branche üblich sind? Sicherlich liegen solche Formulare ohnehin als Word- oder Excel-Datei (oder in einem anderen Format) auf Ihrer Festplatte herum. Haben Sie in Ihrer Branche mit Tabellen zu tun, nach denen gerechnet oder entschieden wird, die sich womöglich noch quartalsmäßig ändern, so betrachten Sie es als Ihren speziellen Service, diese auf Ihrer Downloadseite zum Herunterladen zur Verfügung zu stellen. Denken Sie einmal in Ruhe darüber nach. Seien Sie phantasievoll und berücksichtigen Sie auch solche Dokumente und Formulare, über die Sie tagtäglich stolpern, und denen Sie selbst vielleicht schon gar keine Beachtung mehr schenken. Für Ihre Kunden könnten einige davon eine große Arbeitserleichterung bedeuten.

Fassen Sie ältere Informationsseiten zusammen - keinesfalls aktuelle der letzten drei Monate, die Ihren Seiten Konkurrenz machen würden - und bieten Sie diese im Word-Format zum Download an. Haben Sie es mit Kursen, Listen (z. B. Schwacke-Liste), Statistiken, Länderdaten (z. B. in der Touristikbranche), Bestimmungen und ähnlichem zu tun, so spricht nichts dagegen, solche Fakten zum Download bereit zu halten. - Wenn Besucher Ihre Downloadseite zu ihren Lesezeichen hinzufügen, haben Sie die Schlacht um Besucher schon halb gewonnen.

Sammeln Sie die Emailadressen der Gäste, die sich für Ihr eigenes branchenspezifisches Spezialangebot interessieren – und nur von diesen; denn die könnten Ihre Kundschaft werden. Während eine Liste aller zum Download bereitstehenden Titel mit der jeweiligen Beschreibung auf einer Seite zusammengefasst sein können, sollte ein Mausklick auf Ihre eigenen Titel zunächst erst einmal auf eine weitere Seite führen, auf der sich Interessenten registrieren müssen bevor sie mit dem Download beginnen dürfen. Fragen Sie nach Namen und Emailadresse – auf keinen Fall nach mehr. Eine kleine Dankesbotschaft für die Registrierung von einem Autoresponder - zusammen mit einer knappen Werbebotschaft - rundet eine solche Einrichtung ab. Ihr Provider wird wissen, wie sich so etwas einrichten lässt. Fragen Sie einmal registrierte Benutzer aber nicht erneut nach deren Daten, wenn diese eine weitere Datei herunterladen wollen. Vielleicht fassen Sie alle Ihre privaten Downloads auf einer Seite zusammen, auf die der Interessent nach der ersten Registrierung landet. Egal wie sie dieses Problem lösen, denken Sie daran, dass Sie Name und Emailadresse nur einmal brauchen und Sie zudem keine Besucher belästigen oder nötigen sollten.

Und nun geht es mit dem, was es bei Ihnen zum Herunterladen gibt wieder in die Suchmaschinen...

Fazit und Beispiele für 10 Branchen

Betrachten wir uns jetzt einmal an einigen Beispielen, wie Ihr Internetauftritt aussehen müsste, damit Sie innerhalb weniger Wochen nicht nur jede Menge Zugriffe auf Ihre Seiten zu verzeichnen haben, sondern auch die Anzahl der Besucher - bei minimalem Aufwand Ihrerseits - kontinuierlich zunimmt. Die Beispiele unten sollen Ihnen den richtigen Weg weisen, das oben Gesagte noch einmal zusammenfassen und Sie zu eigenen Ideen anregen. Obwohl Sie alle unten aufgezeigten Konzepte einfach kopieren könnten, wenn das eine oder andere zufällig auf Ihre Branche zutrifft, empfehle ich Ihnen trotzdem, selbst kreativ zu sein, denn in den meisten Berufssparten bin ich ein blutiger Laie, so dass Sie als Fachmann auf Ihrem Gebiet viel spezialisierter fundiertere Ideen einbringen werden.

Auf jeden Fall gilt für jedes Beispiel, dass nur der gemeinsame Einsatz aller Mittel zum größtmöglichen Erfolg führt. Es ist also keineswegs damit getan, sich ein oder zwei Beispiele - nur ein Webboard oder nur eine Mailingliste - heraus zu picken und alle anderen Vorschläge unter den Tisch fallen zu lassen.

Das Gleiche gilt natürlich auch für die Werbung. Für jede einzelne Seite, für jede Newsletter, jede Mailingliste, jede Downloadseite und für jedes Webboard müssen entsprechende Seiten mit Metatags erstellt und Einträge in die Suchmaschinen vorgenommen werden. Jedes dieser Angebote verlangt von Ihnen gleichermaßen eine sorgfältige Werbung, so wie Sie diese von Ihren regulären Seiten kennen. Nur mit dem Unterschied: diese Werbung potenziert sich ab einem bestimmten Punkt von allein, da diese Seiten von allgemeinem Interesse sind, kostenlose Hilfe anbieten und damit genau der Stoff sind, weshalb die Menschen das Internet überhaupt besuchen.

Vergessen Sie auch nicht, auf jeder dieser Seiten das obere Drittel und das Fußende für Ihre eigene Werbung zu reservieren. Schließlich wollen wir es mit der Selbstlosigkeit nicht übertreiben. Auch sollte Ihre Werbung mit ausreichend Verknüpfungen zu Ihren regulären Seiten versehen sein.

Sollten Sie bei der Einrichtung von Newsletter und Webboard auf Schwierigkeiten stoßen, weil Ihr Provider den einen oder anderen Dienst nicht anbietet, so werfen Sie einen Blick auf folgende Seiten, von denen Sie Hilfe erwarten dürfen.
http://www.sitepowerup.com/
http://www.internet.com/sections/resources.html

Als Inhaber einer eigenen Domain sollten Sie allerdings auch nicht zögern, mit Ihrem ganzen Internetpaket zu einem anderen Provider zu wechseln, falls Ihr jetziger Sie nicht mit dem versorgen kann, was Sie benötigen und was heutzutage zum Standardangebot eines jeden Providers gehört. Da Sie Ihren kompletten Internetauftritt unter Ihrer eigenen Domain führen, dürfte ein Wechsel nicht nur einfach zu bewerkstelligen sein, sondern sogar von Ihren Besuchern weitgehend unbemerkt vonstatten gehen. Reden Sie mit dem neuen Provider, er wird für einen reibungslosen Transfer sorgen.

Die folgenden Beispiele sollen Sie zu eigenen Ideen anregen, die von den unsrigen abweichen werden, da Sie natürlich über eine weitaus größere Sachkenntnis verfügen. Falls Ihre Branche hier nicht ausdrücklich erwähnt wird, werden Sie anhand der Beispiele leicht eine Lösung für Ihren eigenen Betrieb ableiten können.

1. Beispiel
Branche:
Finanzberater
Informationsseite:
a) Entwicklungen auf dem Finanzsektor oder
b) Börsenkurse
Linkseite:
Allgemeine und spezielle Links der Branche (keine Konkurrenz). Dies gilt für alle Beispiele und wir werden dies nicht jedes Mal wieder erwähnen. Setzen Sie zudem Links zu Banken, Börsen, Mitteilungsseiten, Wirtschaftszeitungen etc. Entsprechende Links finden Sie in ausreichender Zahl in den Suchmaschinen. **Vergessen Sie nicht, immer auch gleich nach einem Link zu Ihren Seiten zu fragen.**
Newsletter:
Entwicklungen in Ihrem Hause zusammen mit den folgenden Nachrichten von Ihrer Informationsseite:
a) Entwicklungen auf dem Finanzsektor
b) Börsenkurse
Webboard:
Diskussionsforum für verschiedene Anlagemöglichkeiten
Mailingliste:
Weiterentwicklung der Themen des Webboards.
Download:
Neben allgemeiner, freier Internet-Software bieten sich Berechnungstabellen an, die Profite berechnen oder Charts analysieren. Aber auch Charts als Grafik-Dateien bieten

sich an, um Langzeittrends transparent zu machen. Gerade in dieser Branche gibt es eine große Anzahl nützlicher Software und Kalkulationstabellen.

2. Beispiel

Branche:
Küchengeräte (in unserem Beispiel zielen Sie auf den Endverbraucher)
Informationsseite: (immer entweder oder)
a) Kochrezepte
b) Ernährungsratschläge
c) Tabelle über Inhaltsstoffe der Nahrungsmittel (Kalorien, Vitamine etc)
d) Biologisch Wissenswertes über Lebensmittel, Wachstum, Jahreszeit, Ernte etc.
Linkseite:
Links zu Fitness- und Ernährungszeitschriften sowie ähnlichen Publikationen. Wissenschaftliche Berichte über Ernährung gibt es zuhauf im Internet.
Newsletter:
Alle Punkte unter *Informationsseite* sind hierfür geeignet. Verwenden Sie ein Thema für die Informationsseite, ein anderes bieten Sie als Download an, während Sie über ein Thema, über das Sie fortlaufend neue Informationen erhalten ein Newsletter versenden.
Webboard:
a) Diskussionsforum für Rezepte
b) Marktplatz für gebrauchte Geräte
Mailingliste:
Das Thema "Gesunde Ernährung" garantiert lebhafte Teilnahme
Download:
Neben allgemeiner freier Internet-Software können Sie Handbücher und Pflegeanleitungen als PDF oder Word-Dateien anbieten, sowie Ernährungstabellen, Fitnesstipps und Rezepte.

3. Beispiel

Branche:
Fitnessgeräte (gilt bei entsprechender Abwandlung und Austausch der Themen und Zielgruppen auch für Fitnessbekleidung- und Sportnahrungsmittelanbieter)
Informationsseite:
a) Gesundheit, Sport und Ernährung
b) Anleitung zur Eröffnung eines Fitnessstudios
c) Trends auf dem Fitnesssektor (Mode, Ernährung, Medizin und/oder Technik)
d) Sportnachrichten
Linkseite:
Auch hier wieder Links zu den entsprechenden Zeitschriften. Suchen Sie eine Verknüpfung mit Firmen für Sportmode und mit Sportnahrungsherstellern. Nehmen Sie aber auch Fitnessclubs auf. Es vermittelt den Eindruck, als würden diese bereits zu Ihrer Kundschaft zählen und schmeichelt den Betroffenen, so dass diese es unter Umständen bald werden.
Newsletter:
Die Themen a) und c) der "Informationsseite sind geeignet. Verwenden Sie immer nur einen der jeweiligen Vorschläge unter einer Rubrik für die entsprechende Form der Veröffentlichung.

Webboard:
a) Lassen Sie über die besten Trainingspraktiken diskutieren.
b) Markt für Secondhand Sportartikel (Geräte, Mode)
c) Sportstudios (Verkauf, Ankauf von Studios sowie Grundstücke für Neueröffnungen). Dieses Thema ist sehr fachbezogen und erfordert sehr viel Insider-Wissen. Allerdings gilt auch hierbei: dass je schwieriger Informationen zu beschaffen sind, umso attraktiver ist die Seite. Doch Finger weg von Themen, denen Sie nicht gewachsen sind oder deren Informationen sich nachträglich als Falschmeldungen entpuppen könnten.

Mailingliste:
Eines der Themen unter "Webboard" nach dem Entweder-Oder-Prinzip.

Download:
Trainingspläne, Ernährungstabellen sowie Berechnungen über den körperlichen Grundumsatz. Gut sind wechselnde Informationen, die sich herunterladen und ausdrucken lassen. Freizeitsportler freuen sich über jede neue Anleitung zum Ausprobieren und Nachlesen (zwischen den Trainingseinheiten).

4. Beispiel
Branche:
Maschinenbau

Informationsseite:
a) Technische Errungenschaften und Neuheiten
b) Weltweite wirtschaftliche Entwicklung auf dem entsprechenden Sektor
c) DIN bzw. ISO- Vorschriften
d) Öffentliche Ausschreibungen (ganz besonders solche, bei denen es um Maschinen geht, die nicht zu Ihrem Spezialgebiet gehören).

Linkseite:
Links zu den internationalen Wirtschafts- und Fachzeitschriften, zu technischen Publikationen, Wirtschaftsgremien, Fachverbänden, Kontrollinstanzen (TÜV, GSE etc.)

Newsletter:
Auch hier gilt: Nur ein Thema, das unter „Informationsseite" steht wird auch dort behandelt. Ein anderes gehört – ebenfalls wahlweise – in die Abteilung „Newsletter". Was übrig bleibt wird ersatzlos gestrichen, damit Sie sich nicht verzetteln.

Webboard:
Marktplatz für gebrauchte Maschinen

Mailingliste:
Marktplatz für gebrauchte Maschinen

Download:
Handbücher, Publikationen, Vorschriften, technische Beschreibungen etc.

5. Beispiel
Branche:
Bekleidungshersteller (Vertrieb)

Informationsseite:
a) Informationen über Modetrends
b) Klatsch aus Showbiz und Kultur
c) Kosmetik und Modetipps
d) Je nach Klientel könnten Sie auch auf die Kinder zielen und Informationen zu

Erziehung und Schule anbieten. Fraglos werden Sie eine große Anzahl Mütter als Dauerbesucher Ihrer Seiten gewinnen.

Linkseite:

Trend- und Modemagazine. Aber auch Links zu Seiten die Fragen der Kindererziehung, Betreuung, medizinische Versorgung, Schule usw. behandeln, könnten für nicht wenige Damen von Interesse sein.

Newsletter:

Trends – vorwiegend aus dem eigenen Haus

Webboard:

a) Diskussionsforum über Mode

b) Kosmetik- und Modetipps

c) Marktplatz von Second Hand Bekleidung. (Da das Board schnell zu einem Marktplatz für billige Klamotten abgleiten kann, sollten Sie prüfen, ob das von Ihnen gewollt wird – da Sie selbst in der Kopfleiste des Boards mit „unschlagbaren" wechselnden Angeboten werben wollen.)

Mailingliste:

Am interessantesten wäre es, Punkt c) des *Webboards* zu realisieren, da eine solche gut geführte Mailingliste in kurzer Zeit zahlreiche Abonnenten hätte. Aber auch andere Themen aus den oben genannten Rubriken sind bedingt geeignet. Gerade bei dieser Produktgruppe hängt es davon ab, wo und wie Sie Ihre Zielgruppe sehen.

Download:

Neben allgemeiner freier Internet-Software bieten sich Schnittmuster an, aber je nach Klientel auch jede Menge Spiele, Zeichnungsvorlagen oder Schulvorlagen für Kinder.

6. Beispiel

Branche:

Computervertrieb

Informationsseite:

Entwicklungen im Internet, auf dem Computersektor, sowohl bei Hardware und Software. Da es im Internet unzählige Seiten mit dieser Thematik gibt, würde ich mich nur auf Themen einlassen, auf die Sie in Ihrem Haus mit günstigen Angeboten reagieren Wenn Sie darüber berichten, wie für bestimmte Komponenten die Preise fallen und Sie Ihre korrigierten Preise daneben stellen, wirkt dies glaubwürdig.

Linkseite:

Hard- und Softwarehersteller, die ihre Komponenten nicht selbst sondern nur über ein Händlernetz verkaufen. Computerzeitschriften, Information über das Internet usw. – Da das Angebot passender Seiten unüberschaubar groß ist, werden Sie keine Mühe haben, viele interessante Seiten zu finden, zu denen Sie Verknüpfungen herstellen können.

Newsletter:

Die Branche ist so schnelllebig und Sie müssen dermaßen rasch auf Strömungen und Preissenkungen reagieren, dass Ihnen der Stoff niemals ausgehen wird.

Webboard:

a) Handelsplatz für gebrauchte Computerteile. Gibt es schon: also seien Sie besser, indem Sie dafür sorgen, dass Ihr Marktplatz bekannter und spezialisierter wird und somit viele Anbieter und Käufer anzieht.

b) Diskussionsforum als Support. – Nutzer unterhalten sich über ihre Erfahrungen und Schwierigkeiten beim Gebrauch von bestimmter Soft- oder Hardware. Dies ist besonders bei Komponentenherstellern beliebt und sollte Sie nicht davon abhalten, ebenfalls so ein Forum einzurichten. Vielleicht gibt es eine Spezialität aus Ihrem Haus, bestimmte Komponenten oder eine eigene Computermarke, über die sich zu diskutieren lohnt. Seien Sie aber vorsichtig, denn wenn das entsprechende Produkt von gerade einmal ein paar Dutzend Kunden benutzt wird, wird Ihr Forum sehr armselig aussehen. Da lohnt es sich schon eher, über die Produkte anderer Hersteller herziehen zu lassen.

Mailingliste:
Wenn Sie es mit geballter und wiederholter Werbung schaffen, dass Ihre Mailingliste zu einer Einrichtungen im Internet wird, wo gestresste Computernutzer in Frage und Antwort Hilfe für ihre allgemeinen Computerprobleme erhalten, haben Sie ein starkes Medium geschaffen, das täglich neue Abonnenten findet und das Ihre Werbung mit jeder Frage und Antwort in die Wohnzimmer aller Teilnehmer trägt.

Download:
Software, Software, Treiber, Software, Treiber. Das ist es, was Ihre Kundschaft interessiert. Sie brauchen sich gar nicht erst mit anderen Themen befassen. Haben Sie Anleitungen für das Internet oder Computer oder Handbücher in Word oder PDF-Format, dann richten Sie auch dafür eine entsprechende Rubrik ein.

7. Beispiel
Branche:
Haushaltsgeräte
Informationsseite:
a) Was gibt es Neues auf dem Sektor der Haushaltsgeräte?
b) Tipps zum Energiesparen im Haushalt
c) Do-it-yourself Ratschläge (Handarbeits- oder Bastelbereich)
d) Allgemeine Tipps für Haushalt und Heim (z. B. „Was Oma noch wusste!")
e) Unfallverhütung im Haushalt
Wie bei allen Beispielen in dieser Rubrik, sollten Sie sich immer nur für ein Thema entscheiden. Achten Sie vorallendingen darauf, dass Ihr Thema genügend Stoff für regelmäßige monatliche Updates hergibt.

Linkseite:
Allgemeine Links
Newsletter:
Bis auf Punkt e) sind alle Themen der *Informationsseite* geeignet.
Webboard:
Punkte b) c) und d) der *Informationsseite* sind für ein Diskussionsforum geeignet.
Außerdem lässt sich auch für Haushaltsgeräte ein Gebrauchtmarkt einrichten.
Mailingliste:
Was unter *Webboard* steht ist auch für eine Mailingliste geeignet.
Download:
Die Möglichkeiten sind so variabel wie Ihre Kundschaft vielfältig ist. Wofür interessiert sich Ihre Kundschaft? Sind praktische Zeitplaner gefragt, die sich ausdrucken und in die Küche hängen lassen oder Energiespartabellen oder Software zum Berechnen des Energieverbrauchs? Vielleicht bieten Sie auch „gesammelte Werke" aus Ihrer Informationsseite als praktisches Nachschlagewerk an (keine Beiträge, die jünger als sechs Monate sind). Besteht Ihr Käuferkreis vorwiegend aus Hausfrauen, so schauen Sie sich auch die Vorschläge unter der Rubrik für „Küchengeräte" an.

8. Beispiel

Branche:

Bücher

Informationsseite:

a) Was gibt es Neues auf dem Buchmarkt?

b) Kulturelle Nachrichten

c) Wie schreibe ich ein eigenes Buch (in Fortsetzungen und jeweils mit Ratschlägen welche Werke ein zukünftiger Autor gelesen haben muss)?

d) Buchbesprechungen

e) wöchentliche Bestsellerlisten mit Ihren Preisen und Bestellmöglichkeiten. Handeln Sie aber das entsprechende Werk auf einer separaten (verknüpften) Seite ab.

Linkseite:

Literaturzeitschriften und Feuilletons großer Zeitschriften (linken Sie direkt mit den entsprechenden Internetseiten – nicht mit der Hauptseite, denn das macht jeder). Alles, was sich im Internet mit Literatur beschäftigt ist Ihr Ziel – es gibt davon genügend.

Newsletter:

Neuerscheinungen, Sonderangebote und Kritiken aus Ihrem Haus dürften ausreichend Stoff für diese Rubrik abgeben.

Webboard:

a) Lassen Sie über Literatur diskutieren.

b) Wie wäre es mit einem modernen Antiquariat? Dies erfordert allerdings ein wenig Betreuung und ausreichend Geduld, ist aber eine lohnenswerte Aufgabe.

Mailingliste:

a) Was halten Ihre Leser von bestimmten Büchern? Lassen Sie diskutieren, Meinungen äußern und Empfehlungen - aber auch Kritik – aussprechen. Eine solche Mailingliste ist nur interessant, wenn sich die Teilnehmer darauf verlassen können, durch sie ungeschminkte und unrezensierte Wahrheiten zu erfahren – auch wenn dadurch der eine oder andere Buchtitel beim Verkauf zu kurz kommen sollte, steigt trotz allem – oder gerade deshalb - die Beliebtheit Ihres Forums.

b) siehe unter *Webboard b)*"

Download:

Leseproben, Abhandlungen und Bücherlisten.

9. Beispiel

Branche:

Werkzeuge und Heimwerkermaschinen

Informationsseite:

Do-it-yourself Ratschläge spezialisiert auf das entsprechende Fachgebiet: Heim, Garten, Auto, Haus, Hobby und anderes. Sie werden den Bereich auswählen, für den Ihre Produkte bestimmt sind. Ihnen steht die ganze Vielfalt dieser Thematik zur Verfügung – gleichgültig, ob Sie Bauanleitungen anbieten, Einsatzmöglichkeiten verschiedener Werkzeuge veranschaulichen oder die Eigenschaften und Verhaltensweise der Materialien und Baustoffe beleuchten.

Linkseite:

Auch hier zeigt Ihnen eine Internetsuche mit Ihren eigenen Suchbegriffen, mit welchen Seiten Sie außer Fachpublikationen, Zeitungen und Zeitschriften linken können. Das davon Ihre Konkurrenz ausgeschlossen ist, versteht sich von selbst.

Newsletter:
Bedienen Sie sich eines der vielen Themen, auf die Sie gestoßen sind als Sie nach den oben aufgezeigten Kriterien für Ihre Informationsseite recherchiert haben.

Webboard:
a) Sammlerbörse (besonders geeignet für Modellbau und andere ausgefallenere Hobbys)
b) Diskussionsforum für Heimwerker-Anwendungen und Probleme

Mailingliste:
Wenn Ihnen dazu nicht mehr einfällt als mir, der ich mit meinen zwei linken Händen kaum mal ein Werkzeug anfasse, dann nehmen Sie das Thema Ihres Webboards. Wahrscheinlich ergibt sich aber aus Ihrem Fachgebiet eine solche Fülle von Themen, über die sich Ihre Kunden gern miteinander unterhalten würden, dass Sie auf keine Verlegenheitslösung zurückgreifen müssen.

Download:
Bauanleitungen, Baupläne, Skizzen und ähnliches.

10. Beispiel

Branche:
Autohaus (gilt in entsprechender Abwandlung auch für Motorräder)

Informationsseite:
a) Informationen aus der Welt des Autos
b) Rennsportnachrichten
c) immer wieder aktualisierte Preisliste von Gebrauchtwagen (Schwacke-Liste)
d) Reparaturhilfen – doch Vorsicht vor eventuellen Haftungsansprüchen. Vielleicht konzentrieren Sie sich im Zweifelsfall lieber auf Serviceanleitungen.

Linkseite:
Liebhaberseiten, Oldtimer, Rennboliden, Zeitschriften, Hobby-Seiten. Zu diesem Thema wimmelt es im Internet von Seiten, die sich für einen (gegenseitigen?) Link eignen.

Newsletter:
Siehe *Informationsseite*.

Webboard:
a) Gebrauchtwagenmarkt
b) Oldtimermarkt
c) Zubehörmarkt (Accessoires, Kindersitze, Spoiler etc. – besser keine Ersatzteile)
d) Sammlerbörse (verschiedene Utensilien, die zu einem bestimmten Wagentyp gehören - aber auch Automodelle, Kleidung, Fanartikel etc.) Diese Rubrik lässt sich endlos ausbauen und in soviel Spezialgebiete aufteilen, wie es unterschiedliche Liebhabereien zum Thema Auto gibt. Jeder, der sich beruflich mit dieser Branche beschäftigt wird nach kurzem Nachdenken sein Spezialgebiet für das Internet finden.

Mailingliste:
Suchen Sie sich unter *Webboard* ein Thema aus, das dort nicht eingesetzt wird.

Download:
Schwacke-Liste, Checklisten und Muster-Kaufverträge für den Gebrauchtwagenkauf, Reparatur- und Serviceanleitungen, juristische Tipps aus der Verkehrsrechtssprechung sowie den aktuellen „Punkte-Katalog" und ähnliches. Vielleicht stellen Sie für den interessierten Kunden auch technische Pläne und Handbücher zur Verfügung.

Anhand dieser zehn Beispiele wird Ihnen klar geworden sein, was genau wir beabsichtigen und wie Sie die richtige Lösung für Ihre eigene Branche finden können. Wahrscheinlich sind Sie inzwischen selbst schon so voll mit eigenen Ideen, dass es Ihnen in den Fingern juckt, für Ihre eigene Internetpräsenz den angemessenen Rahmen zu schaffen, um kontinuierlich neue und alte Besucher auf Ihre Domain zu locken. Dabei wird die eine oder andere Lösung wieder von Ihnen verworfen werden, weil sie nicht die erhoffte Anzahl oder nicht die gewünschte Qualität von Besucher bringt. Sortieren Sie Ihr Angebot aber frühesten nach einer Bewährungsprobe von einigen Monaten aus, und löschen Sie dann nur das, von dem Sie meinen, dass es tatsächlich ein Flop war. Bis zu diesem Zeitpunkt sollten Sie schon mindestens drei funktionierende und stark frequentierte „Serviceangebote" besitzen, so dass Sie sich ruhigen Gewissens von weniger erfolgreichen Seiten trennen können. Bevor Sie aber solche Seiten entgültig aus dem Netz nehmen vergessen Sie nicht, dass vier der sechs aufgezeigten Werbe-Möglichkeiten Selbstläufer sind, die nach der Anfangsphase keine oder nur noch wenig Arbeit von Ihnen einfordern, so dass vielleicht schon ein wenig veränderte Werbung zu mehr Erfolg verhilft, ohne dass Sie gleich Kahlschlag betreiben müssen.

Sollten Sie aber keine Zeit für Internetwerbung haben oder Ihnen partout nichts zu Ihrer Werbung einfallen oder möchten Sie eigene Fehler vermeiden oder ist Ihnen all das sowieso zuviel Aufwand und Arbeit, so können Sie sich auch gern unter der Emailadresse werbung@ch-non-food.com mit uns in Verbindung setzen. Für einen Pauschalbetrag von ein paar Hundert Euro (abhängig von Aufwand und Zeit) nehmen wir Ihre gesamte Werbung in unsere Hände und betreuen, bewerben und listen nicht nur Ihre regulären Seiten, sondern erarbeiten auch Ihre Hilfsseiten, stellen diese ins Netz und sorgen dafür, dass diese bekannt werden und ordentlich für Sie arbeiten.

Außerhalb des Internets

Es ist immer wieder erstaunlich, wie oft ich noch auf Geschäftsleute treffe, deren Firmenwerbung zwar im Internet steht - das gehört sich heute eben so! - auf deren Visitenkarte aber weder die Adresse ihrer Internetseite noch eine Emailadresse vermerkt sind. Diese Menschen ignorieren damit völlig die beste und selbstverständlichste Gelegenheit für ihr Internetangebot zu werben. Wenn Ihre Internetseiten also fertiggestellt und veröffentlicht sind, so sollte sowohl Ihre Internet- wie auch Ihre Emailadresse auf Briefpapier und Visitenkarten stehen. Keine Post darf Ihre Firma verlassen, die nicht auf Ihren zweiten Firmensitz im Internet aufmerksam macht.

Das gleiche gilt natürlich auch für Ihre übrige Werbung. Gleichgültig ob Sie Fernsehwerbung betreiben, Plakate kleben lassen oder nur in der örtlichen Tageszeitung werben: Ihre Internetadresse und Ihre Emailadresse gehören auch auf diese Werbeträger.

Veröffentlichen Sie Pressemitteilungen über Ihre Internetseite. Wenn Sie regelmäßig Anzeigen in Zeitungen schalten, vergeben Sie Ihren nächsten Auftrag zusammen mit einer Notiz über Ihren Internetauftritt und der Bitte, eine Mitteilung darüber im redaktionellen Teil zu veröffentlichen. Je nach Größe der Zeitung beziehungsweise wie wichtig Sie als Kunde sind, wird Ihrer Bitte sicherlich entsprochen werden.

Wenn Ihre Firma aktiv Public Relation betreibt, Vereine sponsert, soziale Einrichtungen fördert, oder anderweitig im redaktionellen Teil der Presse erwähnt wird, so sollte dabei auch Ihre Internetadresse genannt werden.

Steht Ihre Internetadresse schon auf Ihren Firmenfahrzeugen? Sie gehört dorthin wie auch auf Werbeartikel, die sie verteilen - eingeprägt in Kugelschreiber, Notizbücher, Kalender - oder was immer Ihre Firma sonst noch zu verschenken hat - an Weihnachten oder zu anderen Anlässen.

Die Möglichkeiten sind unbegrenzt. Wenn Sie ein Ladengeschäft betreiben und dieses in einer Gegend mit begrenztem Parkraum gelegen ist, dann lassen Sie doch einfach einmal Ihre Internetadresse auf Parkscheiben drucken und legen diese kostenlos in Ihrem Geschäftslokal aus. Sie werden sehen, was für einen reißenden Absatz diese Pappschilder finden. Bald wird Ihre Internetadresse überall in der Stadt gut sichtbar in den Autos liegen. Oder wie wäre es mit T-Shirts, Hosen oder sogar Schuhen mit Ihrer Internetadresse – war alles schon einmal da gewesen.

Betreiben Sie eine kleine Firma, die noch keine eigene Werbekampagne auf die Beine gestellt hat, so haben Sie mit diesem Leitfaden die grandiose Möglichkeit mit wenig Kapital und geringem Aufwand im Internet zu werben. Wahrscheinlich werden Ihre Kunden nun jede Woche etwas von Ihnen auf den entsprechenden Webboards und in den Mailinglisten finden und Sie werden sich regelmäßig an Diskussionen in den Newsgroups beteiligen, um Ihre Firma und Ihre Internetpräsenz publik zu machen. Aber warum veröffentlichen Sie nicht einfach ab und zu eine Kleinanzeige mit Ihrer Internetadresse in den kostenlosen Anzeigenblättern, die es inzwischen beinahe überall auf der Welt gibt - vorausgesetzt natürlich, dass Sie bei den Lesern dieser Blätter nicht meilenweit neben Ihrer Zielgruppe liegen.

Es gibt unendlich viele Möglichkeiten, außerhalb des Internets auf sein Internetangebot aufmerksam zu machen, so dass dieses Thema mit den oben genannten Beispielen bei weitem noch nicht ausgeschöpft ist. Sie werden selbst auf noch viel mehr Ideen kommen, die Sie realisieren werden.

Die Nacharbeit

Wenn Sie Ihre Werbung forcieren wollen, so schauen Sie doch einfach einmal in den einschlägigen Suchmaschinen nach den Interessen oder Hobbys Ihrer Kunden um. Abgesehen davon, dass Sie dadurch Ihren eigenen Horizont erweitern und Ihre Kunden besser verstehen lernen, wird eine Webseite mit dem passenden Inhalt an Ihre Kunden geschickt signalisieren, wie wichtig Sie Ihre Kunden nehmen. Sie werden erstaunt sein, wie sehr sich solche kleinen Aufmerksamkeiten auszahlen.

Tragen Sie dazu die Emailadressen Ihrer Kunden nicht nur in die Adressenliste Ihres Emailprogramms ein sondern auch in die Adressenkartei Ihres Browsers. Nehmen Sie das jeweilige Interesse des Kunden als Nickname (Alias), damit es keine Verwechslungen gibt. Wenn Sie jetzt im Internet auf einen interessanten Beitrag stoßen, so bedarf es nur eines Mausklicks, um den Artikel an den entsprechenden Interessenten zu schicken. So können Sie Artikel über Gartenbau an den gleichen Aliasnamen schicken; interessiert sich jemand für ökologische Lebensweise, so ist sein Aliasname eben „Ökolog" und Sie schicken einen entsprechenden Artikel an „Ökolog" und so fort. Derart präpariert, ist es kein großer Aufwand mehr, bei Ihrem Gang durch das Internet etwas für Ihre Kunden zu tun – geradeso als würden Sie permanent an diese denken.

Benutzen Sie aber auch in Ihrer Browsersoftware eine aussagekräftige Unterschriftsdatei, damit der Kunde sieht, wer da an ihn gedacht hat. Auch einen ergänzenden Text und die Grüße können Sie schon vorformulieren, so dass Sie einem versandten Artikel gar keinen Kommentar mehr hinzufügen müssen. So ist eine solche Aktion mit keinem großen Aufwand verbunden.

Die Erfolgskontrolle

Werten Sie Ihre Statistiken aus. Der Server Ihres Provider sollte es Ihnen ermöglichen, eine detaillierte Statistik über die Nutzung Ihrer Domain auszudrucken. Wenn Sie sich eine solche Statistik in Ruhe anschauen, erkennen Sie nicht nur, wie viel Besucher in einem vorgegebenen Zeitraum auf Ihren Seiten gewesen waren, sondern auch, wer wie lange auf welchen Seiten verweilte. Diese Erkenntnis versetzt Sie in die Lage, Ihr Internetangebot permanent zu verbessern. Reagieren Sie, indem Sie stiefmütterlich behandelte Seiten besser ins Rampenlicht setzen und prüfen Sie, ob alle Links zu diesen Seiten optimal gesetzt sind. Überlegen Sie, was sich an der Gestaltung der Seiten ändern lässt oder ob diese vielleicht am besten ganz aus Ihrer Präsentation verschwinden und die Inhalte besser in andere Themen eingearbeitet werden sollten. Sie erkennen aber auch die starken Seiten und können diese weiter ausbauen und mit interessanten Links zu einem Sprungbrett zu Ihrem übrigen Angebot machen.

Darüber hinaus verraten Ihnen die Log-Files, welche Suchmaschinen Besucher zu Ihrer Domain geführt haben, welche Browser hauptsächlich eingesetzt werden und an welchen Tagen und zu welcher Uhrzeit Ihre Besucher unterwegs sind. Statistiken darüber, wie und aus welchem Anlass Fehlermeldungen am Bildschirm der Surfer erschienen sind, zeigen Ihnen, wo auf Ihrer Domain Links nicht funktionieren. Schauen Sie sich also Ihre Statistik regelmäßig an und werten Sie diese gründlich aus.

Service durch das Internet

Nutzen Sie das Internet aber auch, um Ihren Kunden einen besseren Service anzubieten. Denn mit dem kostengünstigen Internet können Sie vortrefflich dazu beitragen, Ihre Kundschaft noch fester an sich zu binden, damit diese auch morgen noch bei Ihnen kauft. Vergessen Sie nie, wie gut und preiswert Sie von nun an Ihre Kundschaft per Email über Veränderungen und Neuerungen in Ihrem Haus informieren können. Aufgetretene Probleme müssen nun nicht mehr am Telefon ausdiskutiert werden, sondern können die Grundlage eines ausgedehnten Chats bilden, bei dem Sie Dateien und Bilder einfacher und schneller als jemals zuvor und auch in Farbe und in allen Details austauschen können. Sie sparen nicht nur das Porto und die Druckkosten, sondern auch jede Menge Zeit.

Nutzen Sie Einsparungen, um Ihren Kunden einen noch besseren Service zuteil werden zu lassen. Ermöglichen Sie es, dass wichtige Informationen von Ihrem FTP Server oder von Ihrer Webseite herunter zu laden sind - wann immer Ihr Kunde das wünscht. Richten Sie dazu passwortgeschützte Sektionen ein und vergeben Sie an jeden Kunden ein entsprechendes Passwort. Sie erschaffen damit nicht nur einen geschlossenen Arbeitsbereich im Internet für eine privilegierte Benutzergruppe, wo Sie „persönliche" (keine vertraulichen) Informationen austauschen und ablegen können, Sie binden den Kunden mit dem eigenen Passwort noch enger an Ihre Firma und demonstrieren ihm, wie wichtig er Ihnen ist.

ANHANG

365 Webboards für Ihre Werbung

—http://www.InsideTheWeb.com/messageboard/mbs.cgi/mb359592
—http://www.InsideTheWeb.com/messageboard/mbs.cgi/mb436120
—http://www.InsideTheWeb.com/messageboard/mbs.cgi/mb517778
—http://www.InsideTheWeb.com/messageboard/mbs.cgi/mb522111
—http://www.insidetheweb.com/mbs.cgi/mb661066
—http://www.insidetheweb.com/mbs.cgi/mb678285
—http://www.insidetheweb.com/mbs.cgi/mb691005
—http://www.insidetheweb.com/mbs.cgi/mb691015
—http://www.insidetheweb.com/mbs.cgi/mb69348
—http://www.InsideTheWeb.com/messageboard/mbs.cgi/mb118987
—http://www.ace-uk.com/osell/
—http://www.InsideTheWeb.com/messageboard/mbs.cgi/mb712232
—http://www.africatrade.co.za/wwwboard/index.html
—http://www.milcom.com/indoag/buysell/home.htm
—http://www.InsideTheWeb.com/messageboard/mbs.cgi/mb221060
—http://www.agroindia.org/disc/discgroup.html
—http://www.agro-lanka.org/busclass.htm
—http://www.algonet.se/~bunger/
—http://www.allproducts.com/lead/TradeLeads.html
—http://www.arabbuild.net
—http://www.InsideTheWeb.com/messageboard/mbs.cgi/mb300415
—http://www.arkdirect.com/
—http://infomanage.com/europe/business/contactsdata.html
—http://www.asiatrade.com/Mkt.html
—http://www.asiatrade.com/
—http://www.asiaville.com/trademart/index.html
—http://www.asia-media.com/
—http://www.asiaep.com/imexport/imexport.htm
—http://www.asiannet.com/infocenter/
—http://www.asiaville.com/trademart/index.html
—http://www.asource.com/
—http://www.InsideTheWeb.com/messageboard/mbs.cgi/mb366382
—http://www.bestware.co.uk/atarim
—http://www.InsideTheWeb.com/messageboard/mbs.cgi/mb366386
—http://www.atnworld.com/
—http://www.aussie.com.au/
—http://www.cnctek.com/tradersboard/index.html
—http://www.4b.lv/default.asp
—http://www.InsideTheWeb.com/messageboard/mbs.cgi/mb279517
—http://www.bc-trade.net/trade_international/
—http://www.bcic.com/english/interactive/freeport1.asp

—http://www.duportail.be/belgiumtrade/
—http://www.bemaseat.com/wwwboard/exchange.html
—http://www.InsideTheWeb.com/messageboard/mbs.cgi/mb235958
—http://www.bizafrica.com/trade.html
—http://www.bizbank.com/trade1.htm
—http://www.bizcom.com/bizindex.htm
—http://www.InsideTheWeb.com/messageboard/mbs.cgi/mb144769
—http://www.bmp.ne.jp/e/
—http://boardheaven.communitech.net/tradeboard/
—http://www.gzs.si/eng/borza/borza.htm
—http://www.InsideTheWeb.com/messageboard/mbs.cgi/mb323832
—http://www.rbax.com/gateway/gateway.htm
—http://builders-connection.com/
—http://www.pari.bg/doc/engforum.htm
—http://www.bulletinboards.com/
—http://www.businessbulgaria.com/Offers.htm
—http://www.BusinessInPoland.Com/cgi/trades.pl
—http://www.business-spain.com/wwwboard/wwwboard.html
—http://www.buyersguide.com/ace/offer/sell/board.html
—http://www.buyersnews.net/english/
—http://centretrade.com/cgi-local/
—http://www.InsideTheWeb.com/messageboard/mbs.cgi/mb366384
—http://www.InsideTheWeb.com/messageboard/mbs.cgi/mb370104
—http://www.InsideTheWeb.com/messageboard/mbs.cgi/mb310289
—http://www.casanet.net.ma/menara/businessHome.asp
—http://www.valueinfo.com/cbiv/forum/biz.wanted.from/index.shtml
—http://www.cckorea.com/e_frame.html
—http://www.ceiec.com/wwwboard/wwwboard.html
—http://www.centraleurope.com/
—http://www.ch-non-food.com/
—http://www.charweb.org/organizations/international/wwwboard/ China
—http://www.china-inc.com/attach/trade/
—http://www.insidetheweb.com/mbs.cgi/mb256683
—http://www.china-brand.com/guestbook/guestbook.html
—http://www.china-inc.com/
—http://www.china-tradenet.com/default-e.htm
—http://www.chinaantenna.com/antenna/list.idc
—http://www.chinabig.com/cbig/en/bulletin/seller.html
—http://www.chinabusiness.org/wwwboard/offertosell.html
—http://www.wt.net/cgi/bb/bbb.pl?chcom
—http://www.chinae.com/INDEXE.HTM
—http://www.chinainfo.org/cgi-bin/offers/list.cgi?type=mis
—http://wende.chinamarket.com.cn/E/bbs/bbs_sale.html
—http://www.chinasupplier.com/busi/index.htm
—http://www.chinatree.com/info/
—http://www.chinatree.com/wwwboard/index.html
—http://trade.chinavista.com/

—http://www.clicklink.com/cgi/Import___Export_chat1.cgi
—http://www.InsideTheWeb.com/messageboard/mbs.cgi/mb238810
—http://www.InsideTheWeb.com/messageboard/mbs.cgi/mb324004
—http://www.commerce.com.tw/mail/
—http://www.tradenetweb.com/
—http://www.InsideTheWeb.com/messageboard/mbs.cgi/mb184706
—http://www.compu.net/cgi-bin/wwwboard/index.cgi
—http://www.comvel.com/xchange/
—http://tradeboard.countyweb.co.uk:81/activecontent/tradebbs/ Ctrade21
—http://www.ctrade21.com/
—http://www.cybercc.com/new/f_main.htm
—http://www.InsideTheWeb.com/messageboard/mbs.cgi/mb366357
—http://www.cytra.co.kr/board.htm
—http://www.icml.com/wbb/export/
—http://www.InsideTheWeb.com/messageboard/mbs.cgi/mb257032
—http://www.dboard.com/msgboards/1064.html
—http://ddex.com/bussines/
—http://www.digilead.com/
—http://www.discoveryindia.com/news/tradezone/trade.htm
—http://www.do-it-better.com/bbs/
—http://donde.uji.es
—http://www.dongdaemun.com/
—http://www.seckin.net/business/bbs/
—http://www.dost.net/bbs/impex.html
—http://www.dubaionline.com/classifieds/business/main.html
—http://www.e-worldtrade.com/ewtclassifieds/index.htm
—http://www.InsideTheWeb.com/messageboard/mbs.cgi/mb370106
—http://www.InsideTheWeb.com/messageboard/mbs.cgi/mb361090
—http://www.InsideTheWeb.com/messageboard/mbs.cgi/mb213825
—http://www.easyads.co.za/cgi-local/index.cgi
—http://www.ec21.net./tops/index.html
—http://www.eceurope.com/ECtrade/
—http://ecila.ceic.com/english/
—http://www.ecimpex.com/
—http://www.eckorea.net/
—http://www.eckorea.net/ECMarket/
—http://www.ecplaza.net/ECMarket/OfferList.asp?cat=s
—http://boards.eesite.com/board.cgi?boardset=uga
—http://www.enet.co.kr/
—http://www.InsideTheWeb.com/messageboard/mbs.cgi/mb359578
—http://www.InsideTheWeb.com/messageboard/mbs.cgi/mb366398
—http://eto.untpdc.org/
—http://www.InsideTheWeb.com/messageboard/mbs.cgi/mb302278
—http://www.InsideTheWeb.com/messageboard/mbs.cgi/mb366289
—http://www.InsideTheWeb.com/messageboard/mbs.cgi/mb359592
—http://www.ewtrade.com/en/homepage.html
—http://www.eximindia.com/

—http://www.expohellas.com/tradecentre/index.html
—http://www.InsideTheWeb.com/messageboard/mbs.cgi/mb94781
—http://www.InsideTheWeb.com/messageboard/mbs.cgi/mb186502
—http://www.ExportersIndia.com/
—http://www.extrem.ro/msg.htm
—http://www.femina.com/
—http://fety.fety.com/clip/
—http://www.fiscalindia.com/wwwboard/wwwboard.html
—http://www.fly.com.cn/Framee.htm
—http://forwarders.com/tradeforum/tradeforum.html
—http://www.forworld.com/tradeboard0_toc.htm
—http://www.forworld.com/tradeboard1_toc.htm
—http://www.france-companies.com/
—http://www.InsideTheWeb.com/messageboard/mbs.cgi/mb366299
—http://www.InsideTheWeb.com/messageboard/mbs.cgi/mb217814
—http://www.insidetheweb.com/mbs.cgi/mb171104
—http://www.InsideTheWeb.com/messageboard/mbs.cgi/mb103075
—http://www.InsideTheWeb.com/messageboard/mbs.cgi/mb217845
—http://www.wt.net/cgi/bbbglobal
—http://www.intec.it/gtexbb/
—http://worldbusiness.net/marketplace/trade.phtml
—http://www.globinex.com/disc1_welc.htm
—http://www.glomex.com/traderboard/
—http://www.gooditaly.com/
—http://www.greatbasin.net/~mblsales
—http://gto.kofa.org/defaultsell.html
—http://www.InsideTheWeb.com/messageboard/mbs.cgi/mb196697
—http://www.hellas-on-business.gr/cgi/bt.cgi
—http://www.hkprod.com.hk/english.htm
—http://www.InsideTheWeb.com/messageboard/mbs.cgi/mb193323
—http://www.i-trade.com/exhibit/search/
—http://www.ibrd.com/
—http://www.iecworld.com/
—http://www.iecworld.com/bbs/threads.cfm
—http://www.iesconet.com/clasify.htm
—http://www.hypermart.net/wwwboard/
—http://www.InsideTheWeb.com/messageboard/mbs.cgi/mb143877
—http://www.digilead.com/IMEX/
—http://www.immagica.it/export-line/sell.htm
—http://www.insidetheweb.com/mbs.cgi/mb226136
—http://www.InsideTheWeb.com/messageboard/mbs.cgi/mb194854
—http://www.InsideTheWeb.com/messageboard/mbs.cgi/mb274388
—http://www.importleads.com/
—http://www.inaweb.co.id/market/
—http://www.india-invest.com/board.htm
—http://www.InsideTheWeb.com/messageboard/mbs.cgi/mb134442
—http://www.india-future.com/indiaclassified/exports.shtml

—http://www.indiamart.com/tradebbs/index.pl
—http://IndianYellowPages.com/
—http://www.indiaonestop.com/wwwboard/wwwboard.html
—http://208.5.2.116/urldir/
—http://indoexport.com/iesellw/viewads.html
—http://INDOBIZ.com/
—http://indopro.com/bbs/
—http://indotradezone.com/board/index.html
—http://www.bia-bg.com/
—http://www.infokorea.com/notify.html
—http://www.insidetheweb.com/messageboard/mbs.cgi/mb53649
—http://www.intermeding.com/
—http://www.world-trading.com/ads.htm
—http://www.InsideTheWeb.com/messageboard/mbs.cgi/mb444346
—http://www.intgate.com/wwwboard.html
—http://www.intl-trade.com/wwwboard/board2.html
—http://www.intztrade.com/
—http://www.iraniantrade.org/worldtrade.htm
—http://www.InsideTheWeb.com/messageboard/mbs.cgi/mb173163
—http://www.itw.ie/biz2biz/agenbook.html
—http://www.v-acc.com/bwj/v1.html
—http://www.jcbus.co.jp/en/index.htm
—http://www.jetc.com/wwwboard/wwwboard.html
—http://www.jordanpages.com/wwwboard2/wwwboard.html
—http://www.journal-import-export.com/
—http://www.kicon.com/itdc/my_html/offers_to_sell.html
—http://www.km25.com/offer/f_total.html
—http://www.knkline.com/
—http://www.InsideTheWeb.com/messageboard/mbs.cgi/mb53915
—http://www.tradepost-chat.com/trade/kbo.htm
—http://www.koreansource.com/
—http://www.koreasme.org/
—http://www.eckorea.net/ECMarket/
—http://www.InsideTheWeb.com/messageboard/mbs.cgi/mb195629
—http://leadsgrabber.com/
—http://www.lengua.com/wwwboard/www-board.shtml
—http://bbs.linko.com/bbs/bbs.cgi?id=B0017221
—http://www.manufacturer.net/
—http://maoyi.co.kr/board2/wwwboard/wwwboard.html
—http://www.InsideTheWeb.com/messageboard/mbs.cgi/mb161487
—http://medinf.comp-craiova.ro/surfnet/board/index.html
—http://www.MeetBuyer.com/
—http://www.menetweb.com/
—http://www.mercaderias.com/
—http://www.metal-finishing.com/classifieds/chemical/index.htm
—http://www.anierm.org.mx/tradelea.htm
—http://www.mexconnect.com/businessboard/index.html

—http://www.mexicool.com/business/busbobb.html
—http://mextrade.com/
—http://www.x-pointcgi.com/cgi-bin/users/7952/wwwboard/ Minchems
—http://www.minchems.com/indexen.php3
—http://www.minchems.com/otherbbs/enbbsindex.php3
—http://www.mpost.org/mpostsell/post/vizbook.htm
—http://www.minchems.com/
—http://www.muselik.com/wbb/export/
—http://www.nafta.net/buysell.htm
—http://www.neco1.com/world_trade/wt_sell.cgi
—http://www.neotrading.com/
—http://tradeleads.netfirms.com/
—http://tradeleads.netfirms.com/
—http://www.netsource-asia.com/trade.htm
—http://www.newkorea.com/
—http://www.access-trade.com/broadcaster_trade_leads.htm
—http://www.nigeriangalleria.com/business/mktplce.htm
—http://ningbo.simplenet.com/tradeseek/
—http://www.InsideTheWeb.com/mbs.cgi/mb158510
—http://www.okeydonkey.com/
—http://www.onlinetrader.com/brokerbrd.htm
—http://www.onlineleads.com/index.html
—http://www.onlinetrader.com/brokerbrd.htm
—http://www.trade-board.com/main.htm
—http://www.InsideTheWeb.com/messageboard/mbs.cgi/mb374878
—http://pakistanbiz.net.pk/wwwboard/
—http://www.planetbiz.com/trade/index.html
—http://www.polska.net/forums/guestbook.html
—http://www.poltrade.top.pl/
—http://www.pppindia.com/trade/trade.html
—http://www.promotion.it/b_bullett.html
—http://www.retel.com/business/stocks/homepage.htm
—http://www.spb.ru:8100/classifieds/classifieds.marketplace.wtb.html
—http://www.schwarzwald-baar-heuberg.ihk.de/ids/idsakte.HTM
—http://www.bepop.it/trade/trade.htm
—http://www.see.sh.cn/english/
—http://www.see.online.sh.cn/
—http://www.saenal.co.kr/~trade/
—http://www.serraintl.com/board/?
—http://151.196.207.34/cgi-bin/sww-cgi/board1/config.pl
—http://www.shinestar.com/newera/links.htm
—http://www.shops-online.com/tradeonline/venta.htm
—http://www.silkroad21.com/index_en.sr
—http://www.sinosource.com/msgs.html
—http://www.sinotrade.net/
—http://www.smipc.or.kr/english/trade/frame_trade_sell2.html
—http://bbs.linko.com/bbs/bbs.cgi?id=B0000002

—http://www.InsideTheWeb.com/messageboard/mbs.cgi/mb183764
—http://www.southafrica.net/economy/default.html
—http://www.InsideTheWeb.com/messageboard/mbs.cgi/mb69348
—http://www.InsideTheWeb.com/messageboard/mbs.cgi/mb153255
—http://www.InsideTheWeb.com/messageboard/mbs.cgi/mb300335
—http://www.InsideTheWeb.com/messageboard/mbs.cgi/mb213851
—http://www.InsideTheWeb.com/messageboard/mbs.cgi/mb220916
—http://www.InsideTheWeb.com/messageboard/mbs.cgi/mb234265
—http://www.InsideTheWeb.com/messageboard/mbs.cgi/mb296465
—http://www.InsideTheWeb.com/messageboard/mbs.cgi/mb212453
—http://coard.free.cgiserver.net/CrazyWWWBoard.cgi?db=kyh009
—http://www.worldwidemart.com/starwing/bbs/
—http://www.stts.net/index2.html
—http://www.swissdir.ch/index.html
—http://www.sww.com/
—http://www.tw-online.com.tw/
—http://www.yellowpage.com.tw/
—http://manufacture.com.tw/trade.htm
—http://www.tanchi.com/bing/
—http://web.telecom.cz/turekvl/bbs.htm
—http://www.tender-india.com/
—http://welcome.to/gateway
— http://www.thailandpages.com/bbs.html
—http://www.thaipost.com/tradeboard/index.html
—http://www.thaitrade.com/postmsg.html
—http://www.thebiz.co.uk/submit.htm
—http://www.thedollar.com/center/noframes.html
—http://www.tradeagent.com/
—http://www.InsideTheWeb.com/messageboard/mbs.cgi/mb226116
—http://www.tmjtrade.com/maindoc/aebbs.html
—http://www.InsideTheWeb.com/messageboard/mbs.cgi/mb213130
—http://www.tongtu.com/
—http://www.tp.com.ua/
—http://www.Tpage.com/
—http://www.InsideTheWeb.com/messageboard/mbs.cgi/mb143850
—http://www.trade-board.com/
—http://www.trade-center.com/pub/contact/index.htm
—http://www.trade-express.com/memlog.htm
—http://www.trade-fair.com/bulletin/
—http://www.trade-india.com/bbsnew/bbsindex.html
—http://www.tradepost-chat.com/board/
—http://www.trade911.com/trade911cgi/otosell.asp
—http://www.tradeatoz.com/
—http://www.tradecompass.com/tradetalk/
—http://www.insidetheweb.com/mbs.cgi/mb105817
—http://www.tradeglobal.com/leads/gentrade/index.html
—http://www.tradekorea.net/

—http://www.tradelead.com/wwwboard/wwwboard.html
—http://www.tradeleague.com/
—http://www.tradematch.co.uk/
—http://www.TradeNet.org/
—http://www.tradenews.net/
—http://www.tradepages.co.kr/ETO/
—http://www.tradepark.co.kr/index.html
—http://tradeseoul.com/cgi-bin/sell/postsell.cgi?id=sell
—http://www.tradeserv.com/trade.html
—http://www.tradetaiwan.com/
—http://www.tradetoday.com/eng/body.cgi
—http://www.tradeweb.com.tw/welcome.htm
—http://www.tradex-consulting.com/tradeweb/bb/tradexchange.htm
—http://www.tradezone.com/ITBoard/itboard.html
—http://www.InsideTheWeb.com/messageboard/mbs.cgi/mb150604
—http://trovator.combios.es/
—http://www.turkex.com/trade/trade.cgi
—http://www.businessturkey.com/
—http://www.turktrade.net/
—http://www.uitc.com/
—http://www.ukrbiz.com/Business/Offers/
—http://www.access-trade.com/cgi-ubb/Ultimate.cgi
—http://www.us-marketnet.com/
—http://www.chat.ru/~ayurkina/index.htm
—http://utweb.com/import_export/
—http://www.InsideTheWeb.com/messageboard/mbs.cgi/mb202080
—http://www.InsideTheWeb.com/messageboard/mbs.cgi/mb331537
—http://www.virtualtrade.co.kr/bbs/book.html
—http://vstusa.com/bizmatters/imp-exp.htm
—http://exchange.webindia.com/
—http://www.willyou.com/bbs/
—http://www2.dboard.com/board.asp?mb=5710
—http://www.worldtradelink.net/wwwboard/
—http://www.worldtradex.com/
—http://www.InsideTheWeb.com/messageboard/mbs.cgi/mb257055
—http://www.wt.net/cgi/commerce/
—http://www.wtcjapan.ne.jp/trade_leads/us/
—http://www.wwtrade.com/
—http://www.fy.com/
—http://www.xporter.com/
—http://www.ypage.com/bbs/
—http://venus.beseen.com/boardroom/h/17414

Webboards für Maschinen und andere industrielle Güter

—http://www.machinery.com.tw/mail/
—http://www.alibaba-online.com/
—http://www.darex.com/classads/
—http://nh3.com/mp/adz/index.cgi
—http://machinery.infobee.com.tw/
—http://salechance.com/trade1.html
—http://www.surplusrecord.com/
—http://www.InsideTheWeb.com/messageboard/mbs.cgi/mb127471

Webboards für Nahrungsmittel und Agrar-Erzeugnisse

—http://www.InsideTheWeb.com/mbs.cgi/mb221060
—http://www.InsideTheWeb.com/messageboard/mbs.cgi/mb229349
—http://export-online.com/bulletin/index.html
—http://fruitonline.com/wwwboard/wwwboard.html
—http://www.fintrac.com/gain/

Webboards für Metalle und metallverarbeitende Industrie

—http://www.InsideTheWeb.com/messageboard/mbs.cgi/mb535912
—http://www.intec.it/gtexbb/
—http://www.indianmetals.com/Trade/Trading.htm
—http://www.intztrade.com/
—http://www3.jaring.my/cgi-bin/cosmic/BOARD13/config.pl
—http://www.kitco.com/
—http://salechance.com/trade1.html
—http://www.metal-finishing.com/
—http://www.planetbiz.com/trade/index.html
—http://www.tradeatoz.com/

69 Mailinglisten die Werbung akzeptieren

Vergewissern Sie sich vor Gebrauch, ob die jeweilige Adresse noch gilt und dass Werbung ebenfalls noch erlaubt ist.

abirami@md2.vsnl.net.in
admin@goldenbridge.ca
ads@intltradezone.com
AsiaMart@AsiaMart.net
ate@futurenet.co.za
bizinfo@mats.lviv.ua
business@lists.uoregon.edu
center@venture-web.or.jp
classifieds@internationalist.com
eecenter@intouch.com
globalco@multi-medias.ca
GLOBMART@aol.com
gtc@manufacture.com.tw
hansa@pophost.eunet.be
imp.exp@ppp.nn.gx.cn
info@discoveryindia.com
info@mercaderias.com
info@spotbuy.com
intbrkr@ais.net
list-request@hellas-on-business.gr
marketplace@turkex.com
OFFER@eto.untpdc.org
sales@global-net-trade.com
sales@sd-info.com
service@indoexport.com
sjy@radix.net
top@cgtd.com
trade@csf.colorado.edu
trade@karemedya.com.tr
trade-info@tidco.co.tt
tradeport-l@merkury.saic.com
tradshow@liii.com
usa@world.std.com
vietnam@cgtd.com
yafeng@zei.gov.cn

admin@eec-export.com
ads@cgtd.com
asiamart@anew.net
asian@cgtd.com
bizdesk@spin.it
board@vldbros.com
BuySell@interlink-bbs.com
china@sinotrade.net
dtxpsw@public.whptt.sd.cn
euro@cgtd.com
global-marketplace@tradinghouse.com
gmd@tradinghouse.com
gton@esosoft.com
iebbs@swissinfo.net
info@digilead.com
info@ijs.com
info@mexicool.com
infotrade@ecopress.org.by
interpl@byd.top.pl
market@IndiaOnline.com
noront@baynet.net
offers@dial.isys.hu
sales@mexresource.com
sales@xpressplaza.com
sinoxfan@ms7.hinet.net
texclub@elink.khi.pak.net
trade@chinabig.com
trade@intl-trade.com
tradeindia@webpage.com
tradeleads@hongkong.com
trading@wtn-de.com
uci@www.commerce.com.tw
vartex@tradinghouse.com
webmaster@iesconet.com